MARKUS HORNTRICH

CRASH KURS

CHART-TECHNIK

börsenbuch verlag

Copyright 2008 der Originalausgabe:
© Börsenmedien AG, Kulmbach

2. Auflage 2020

Copyright 2017 der überarbeiteten und aktualisierten Neuausgabe:
© Börsenmedien AG, Kulmbach

Covergestaltung: Johanna Wack
Gestaltung und Satz: Denksportler Grafikmanufaktur
Lektorat: Egbert Neumüller
Korrektorat: Claus Rosenkranz
Druck: CPI books GmbH, Leck, Germany

ISBN 978-3-86470-464-2

Bibliografische Information der Deutschen Nationalbibliothek:
Die Deutsche Nationalbibliothek verzeichnet diese Publikation in
der Deutschen Nationalbibliografie; detaillierte bibliografische Daten
sind im Internet über <http://dnb.d-nb.de> abrufbar.

BÖRSEN MEDIEN
AKTIENGESELLSCHAFT

Postfach 1449 • 95305 Kulmbach
Tel. 09221-9051-0 • Fax 09221-9051-4444
E-Mail: buecher@boersenmedien.de
www.boersenbuchverlag.de
www.facebook.com/boersenbuchverlag

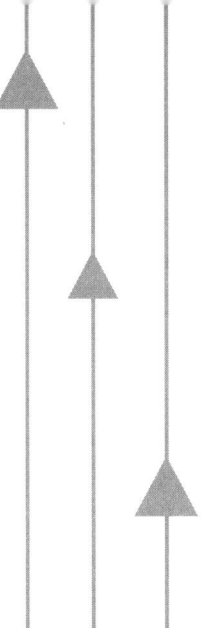

INHALT

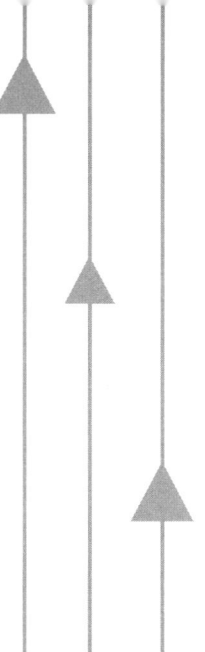

VORWORT

Börsenaltmeister André Kostolany hat in seinen Vorträgen oft den Satz gebracht: „Spekulieren kann jeder, es zur richtigen Zeit zu tun, das ist die Kunst." Dieses Buch richtet sich an Interessierte und Börsenneulinge, die genau diese Kunst erlernen wollen. Es ist grundsätzlich nicht schwer, aussichtsreiche Investments zu finden. Man muss nur mit offenen Augen durch die Welt gehen. Und dabei geht es nicht unbedingt darum, die nächste Microsoft zu entdecken. Denken Sie einfach einmal darüber nach, wann Sie zum ersten Mal einen Suchbegriff bei Google eingegeben haben und seitdem vielleicht nie mehr eine andere Suchmaschine regelmäßig benutzt haben. Wann Ihre Kinder unbedingt einen Apple iPod oder ein iPhone haben wollten und sich dazu noch am besten Ihre Kreditkarte ausleihen wollten, um bei Apple iTunes Musik oder Spiele herunterzuladen. Oder Sie beobachten sich selbst und stellen fest, dass Sie Produkte, die Sie kaufen wollen, immer bei Amazon bestellen. Wenn Sie sich noch erinnern können, wann Sie mit diesen mittlerweile alltäglichen Sachen erstmals in Berührung gekommen sind, dann schauen Sie sich die Kurse von Google, Apple, Amazon und Co an und Sie werden feststellen, dass seitdem zig Prozent Kursgewinn möglich gewesen wären.

Sie müssen also nicht unbedingt die Bilanzen der Unternehmen wälzen und ins Kleinste zerlegen, um ein aussichtsreiches Unternehmen zu finden. Natürlich ist es besser, wenn Sie das können, aber nicht jeder ist Bilanzbuchhalter oder hat BWL studiert. Und natürlich wäre es besser, wenn Sie Spezialist in Fundamentalanalyse wären. Denn dann könnten Sie – wie in jeder „Basisinformation für Wertpapiere" von Ihrer Bank empfohlen – alles rund um den Aktienmarkt analysieren. Alle denkbaren Einflussgrößen wie das gesamtwirtschaftliche Umfeld, die Branche und schließlich das betreffende Unternehmen selbst, um einen Aufschluss über die künftige Entwicklung von Gewinn, Dividende und Cashflow (Zahlungsüberschuss) zu erhalten.

Mithilfe der Finanzmathematik könnten Sie daraus dann einen Barwert berechnen, um für das betreffende Unternehmen und damit die Aktie einen fairen Wert oder einen fairen Kurs zu ermitteln. Die Theorie würde dann lauten: Liegt der faire Kurs über dem aktuellen Börsenwert, gilt die Aktie als unterbewertet und somit attraktiv – sie ist also kaufenswert. Ist der Wert dagegen geringer als der aktuelle Börsenwert, ist die betreffende Aktie überbewertet und damit unattraktiv für einen Kauf beziehungsweise sollte verkauft werden.

Nein, solch umfassende Fundamentalanalysen sind für einen „Normalanleger" ohne Analystenausbildung in der Praxis nicht machbar. Sie müssen sich letztendlich auf die Einschätzung von Dritten verlassen – auf Bankanalysten, Wirtschaftsmagazine, Börsenbriefe und so weiter. Im günstigsten Fall können Sie selbst auf Basis bestehender Datenbanken Kennzahlen wie Kurs-Gewinn-Verhältnis (KGV), Kurs-Umsatz-Verhältnis (KUV), Kurs-Buchwert-Verhältnis (KBV) oder Dividendenrendite berechnen, um einzuschätzen, ob eine Aktie günstig ist oder nicht. Über Finanzseiten im Internet wie www.onvista.de, www.finanztreff.de, www.ariva.de oder www.deraktionaer.de ist dies meist sehr einfach möglich. Problematisch dabei bleibt jedoch die Tatsache, dass es sich immer um Zukunftsprognosen handelt. Und wer kann die Zukunft schon mit Sicherheit vorhersagen, geschweige denn künftige Gewinne und Cashflows abschätzen, die zwei oder mehr Jahre in der Zukunft liegen? Um das halbwegs vernünftig machen zu können, müsste man ein Unternehmensinsider sein oder hellseherische Fähigkeiten besitzen.

Damit wir uns nicht falsch verstehen: Ich will Ihnen die Fundamentalanalyse nicht madig machen. Neben den Unsicherheiten, die fundamentale Zukunftsprognosen nun mal in sich tragen, will ich Sie vor allem auf einen wichtigen Aspekt hinweisen: Fundamentale Kennzahlen können Ihnen sagen, ob ein Wert über- oder unterbewertet ist. Was sie jedoch nicht sagen können, ist, ob ein Kurs steigt oder nicht. Eine Aktie kann unter fundamental-analytischen Gesichtspunkten noch so günstig sein, wenn keiner den Wert kauft, wird der Kurs nicht steigen. Häufig sind es zudem gerade die „teuren" Aktien, die steigen.

Um zu erfahren, ob eine Aktie steigt oder fällt, müssen Sie sich zwangsläufig den Kursverlauf des jeweiligen Wertes ansehen. Und damit wären wir schon bei der Charttechnik. Sie hilft Ihnen abzuschätzen, ob ein Index, ein Rohstoff, eine Währung oder eine Aktie gerade abwärts, seitwärts oder aufwärts tendiert. Und sie sagt Ihnen, ob Sie bei attraktiven Investments wie Google, Apple, Amazon und Co noch einsteigen können und vor allem wann.

Fundamentalanalyse und Charttechnik schließen sich nicht gegenseitig aus. Nur wird Ihr Timing beim Handeln optimiert, wenn Sie die Gesetze der Charttechnik befolgen. „Crashkurs Charttechnik" soll daher den Grundstein dafür legen, damit Sie mithilfe der Charttechnik mehr Gewinn an der Börse machen.

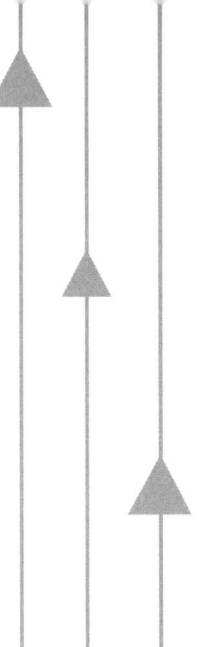

KAPITEL 1
EINFÜHRUNG

Stellen Sie sich folgende Situation vor: Sie haben eine nette Dame oder einen netten Herrn zu sich nach Hause zum Essen eingeladen. Der Besuch klingelt an der Tür, eingehüllt in wohlriechendes Parfüm, schön gekleidet, topgestylt und mit einem breiten und vielleicht leicht nervösen Lächeln im Gesicht. Wenn es sich um eine Frau handelt, hat sie möglicherweise ein brandneues Kleid an, eher kurz und figurbetont. Handelt es sich um einen Mann, so trägt er vielleicht einen neuen Designeranzug, das Hemd aufgeknöpft. Kurzum, Ihr Besuch geizt nicht mit allen möglichen Reizen.

Für Sie ist das schon einmal ein erstes Signal. Ihr Gast will Ihnen gefallen. Im Börsianerjargon würde man jetzt sagen: „Der Trade ist heiß und ein Investment wert." Im Falle eines Dates investieren Sie bei positiven Signalen mehr Zeit in Ihren Besuch, zum Beispiel in Form weiterer Dates, ohne weitere „Fundamentaldaten" wie den Kontostand oder Ähnliches zu kennen. So ähnlich verhält es sich mit der Charttechnik. Entscheidend ist, welche Signale der Kursverlauf aussendet. Die Fundamentaldaten stehen dabei nicht unbedingt im Vordergrund.

Die Charttechnik oder auch Technische Analyse klammert alle fundamentalen Prognoseprobleme völlig aus, indem sie sich nur auf einen Aspekt konzentriert: den Kursverlauf. Der Kurs ist die einzige wirklich messbare Größe, denn der Marktwert einer Aktie wird ausschließlich durch das Zusammenspiel von Angebot und Nachfrage an der Börse bestimmt. Nicht umsonst hat sich unter Börsianern der Spruch eingebürgert: „Der Markt hat immer recht." Charttechnik ist nichts anderes als eine Zeitreihenanalyse von historischen Kursverläufen mit dem Ziel, den weiteren Verlauf zu prognostizieren. Das Basiswerkzeug des Charttechnikers sind daher die Charts, also grafische Abbildungen des historischen Kursverlaufs (siehe Kapitel 2). Nun mögen Sie sich fragen, wie es funktionieren kann, aus vergangenen Kursen auf die künftige Kursentwicklung zu schließen. Es funktioniert einfach, wie die folgenden Kapitel zeigen werden.

Was ist Charttechnik und warum funktioniert sie?

Kursverläufe oder Charts sind nicht nur ein Abbild der Preisentwicklung eines bestimmten Basiswerts, sondern gleichzeitig auch ein Psychogramm aller Marktteilnehmer hinsichtlich dieses Basiswerts. Die Entscheidungen über Kauf und Verkauf an der Börse werden von Menschen getroffen, die sowohl rational als auch emotional handeln. Aus diesen Entscheidungen resultieren Kurse, die sich im Zeitverlauf als Charts abbilden lassen. Angebot und Nachfrage werden in jedem Augenblick des Börsengeschehens von einer Vielzahl von Einflussfaktoren bestimmt, die der „Markt" – sprich die Gesamtheit aller Anleger – kennt, aber nicht unbedingt jeder Einzelne. Ein Chart ist somit eine Aggregation menschlicher Handelsentscheidungen und ein Abbild sämtlicher Informationen zum jeweils zugrunde liegenden Basiswert. Da am Markt auch sogenannte Insider – gut informierte Investoren – tätig sind, ist davon auszugehen, dass sämtliche wichtigen, kursrelevanten Informationen bereits vor ihrem eigentlichen Bekanntwerden per Ad-hoc-Mitteilung im Kurs enthalten sind. Sehr häufig kommt es vor, dass sich Kurse schon vor der Veröffentlichung einer positiven Nachricht nach oben bewegen. Kommt diese Nachricht dann, fällt die Kursreaktion nach oben oft gering aus, ist im ungünstigen Fall sogar negativ. „Sell on good news" nennt man das. Die Investoren, die aufgrund besserer Informationen schon früher eingestiegen sind, verkaufen bei Veröffentlichung der Nachricht.

Der Markt hat immer recht – wer sich dessen bewusst ist, hat die Basis für das Verständnis der Charttechnik bereits gelegt. Das erklärt aber nicht, wie mit diesem Wissen der künftige Kursverlauf vorhergesagt werden könnte.

Psychologen und Soziologen liefern dafür jedoch einen guten Ansatz. Der Ausspruch „Der Mensch ist ein Gewohnheitstier" kommt nicht von ungefähr. Menschen verhalten sich in gleichen Situationen zwar nicht immer gleich, aber zumindest ähnlich. Frauen etwa besuchen im Shoppingcenter in der Regel immer dieselben Läden, während Männer in der Kneipe grundsätzlich ihr Lieblingsbier trinken und nie einen Karottensaft bestellen würden. Solche Verhaltensweisen verändern sich im Zeitablauf selten und wenn, dann nur sehr langsam. Aus diesem Grund lassen sich in Charts ähnliche und immer wiederkehrende Verläufe und Muster erkennen, die eine Zukunftsprognose ermöglichen.

Ziele von „Crashkurs Charttechnik"

Von der Börse geht für viele eine große Faszination aus. Vielleicht liegt es an den Milliardensummen, die täglich über die Börsen gehandelt werden, oder daran, dass manche die Börse als eine Art Glücksspiel ansehen. Ein Glücksspiel war es sicher für viele in der Hochphase des Neuen Marktes. Jeder, vom Taxifahrer über den Frisör bis zum Platzwart beim Fußballverein, versuchte sein Glück mit Börsenspekulationen.

André Kostolany bezeichnete die Spekulation des Öfteren als eine Kunst. Künstler sind Leute mit besonderen Fähigkeiten, so gesehen ist die Bezeichnung Kunst vielleicht nicht wörtlich zu nehmen, denn Spekulieren kann jeder lernen.

Um an der Börse aktiv werden zu können, stellt sich im Grunde nur eine Frage: Wie kann ich von den Kursbewegungen profitieren? Im Wesentlichen gibt es dafür zwei Möglichkeiten:

- Man kauft einen bestimmten Wert, einen Index, eine Aktie, einen Rohstoff et cetera.
- Der Wert steigt anschließend.
- Danach verkauft man den Wert mit Gewinn.

Oder:

- Man verkauft (shortet/leerverkauft) einen Wert. Shorten oder Leerverkaufen bezeichnet die Möglichkeiten, von fallenden Kursen zu profitieren, indem man einen Wert verkauft, den man noch nicht besitzt – in der Hoffnung, diesen später günstiger einkaufen zu können. Diesen späteren Einkauf nennt man auch Eindecken oder Covern. Alternativ besteht die Möglichkeit, über Zertifikate und Optionsscheine mit Hebelwirkung (dafür aber auch mit größerem Risiko) an fallenden Kursen zu partizipieren.
- Der Wert fällt.
- Danach wird der Wert mit Gewinn wieder eingedeckt.

An der Börse lässt sich also in beide Richtungen Geld verdienen. Um von Kursbewegungen profitieren zu können, muss man diese jedoch einschätzen können. Man muss wissen, auf welchem Kursniveau gekauft werden kann, in welche Richtung sich der gekaufte Wert bewegen könnte, wo mögliche Kursziele liegen, um schließlich Gewinne realisieren zu können. Kurz gesagt: Man muss eine Vorstellung von der wahrscheinlichen zukünftigen Kursentwicklung haben.

„Crashkurs Charttechnik" hat das Ziel, Ihnen einen Werkzeugkasten an die Hand zu geben, mit dessen Hilfe Sie genau diese Fragen beantworten können. Dieses Buch ist für Börseneinsteiger konzipiert, die schnell und unkompliziert Einblick in die Technische Analyse bekommen wollen. Dazu zählen insbesondere die wichtigsten Chartarten (Kapitel 2) und natürlich die bereits angesprochenen, immer wiederkehrenden Chartformationen (Kapitel 3) sowie die wichtigsten Technischen Indikatoren (Kapitel 4). Insbesondere werden Sie nach der Lektüre von „Crashkurs Charttechnik" das Basiskonzept der Technischen Analyse (Kapitel 2) verstanden haben. Dazu zählen das Erkennen gegenwärtiger Trends und die möglichst frühzeitige Wahrnehmung von Trendänderungen.

Zweck dieses Buches ist es natürlich nicht nur, einen Einblick in die Theorie der Technischen Analyse zu geben, sondern es fließen auch langjährige Erfahrungen mit Chartverläufen und -formationen ein. Ziel ist es also, dem Leser nicht nur einen theoretischen Hintergrund zu vermitteln, sondern ihn auch an bisher gemachten Erfahrungen teilhaben zu lassen. Gerade für Einsteiger mag Charttechnik sehr theoretisch und abstrakt sein. Die in der Praxis wunderbar funktionierende Theorie wird in den folgenden Kapiteln anhand einer Vielzahl von praktischen Chartbeispielen erläutert, die jedem einen Eindruck vermitteln, wie Charttechnik funktioniert und wie man sie praktisch und gewinnbringend anwendet.

KAPITEL 2
GRUNDLAGEN
DER
CHARTTECHNIK

Der Grundlagenteil setzt sich aus zwei Abschnitten zusammen: den wichtigsten Chartarten sowie dem sogenannten Basiskonzept der Technischen Analyse. In der Charttechnik wurden viele verschiedene Möglichkeiten entwickelt, um einen Kursverlauf darzustellen. Die wichtigsten davon werden im folgenden Abschnitt beschrieben.

Besonders aufmerksam sollten Sie die Ausführungen zum Basiskonzept lesen, denn es bildet die Grundlage für das gesamte Buch. Auch die Interpretation der einzelnen Chartmuster geht darauf zurück. Das Basiskonzept zieht sich im Grunde wie ein roter Faden durch die gesamte Charttechnik. Im Laufe dieses Buches werden wir daher immer wieder auf das Basiskonzept zurückkommen.

Wichtige Chartarten

Im Laufe der Jahre haben sich verschiedene Arten der grafischen Kursdarstellung entwickelt. Je nach Zweck und Vorliebe verwenden Chartanalysten die für sie am besten passende Darstellung der Kurse. Das bezieht sich sowohl auf die Form der Charts als auch auf den Zeitraum, die Intervalleinteilung und die Skalierung. Der Zeitraum ist prinzipiell frei wählbar und ist lediglich dadurch beschränkt, dass in einigen handelsüblichen Kurssystemen nur eine begrenzte Kurshistorie verfügbar ist. Neben dem Zeitraum ist die Intervalleinteilung entscheidend: Üblich sind Unterteilungen in Jahre, Quartale, Monate, Wochen, Tage, Stunden, Minuten und in sogenannte Ticks (jede einzelne Kursveränderung). Bei der Skalierung unterscheidet man zwischen der linearen (arithmetischen) und der logarithmischen Darstellung, deren Unterschied im folgenden Kapitel noch erläutert wird. Bei den Charttypen sind Linien-, Balken- und Kerzencharts bei den Charttechnikern am gängigsten, einige Spezialformen werden jedoch ebenfalls kurz angerissen.

Liniencharts

Bei Liniencharts wird nur der jeweilige Schlusskurs des gewählten Zeitraums dargestellt, bei Tagescharts also zum Beispiel der Schlusskurs des jeweiligen Tages. Kursschwankungen innerhalb des gewählten Intervalls werden dabei nicht deutlich. Die Chartanalyse mithilfe von Liniencharts ist aus diesem Grund etwas ungenauer und auch unvollständig, da etwa Informationen fehlen, wie sich der jeweilige Wert innerhalb eines Tages, Monats, Quartals et cetera bewegt hat. Informationen zur Volatilität – gerade für Daytrader ein wichtiger Aspekt – fehlen bei Liniencharts vollständig. Dennoch können sie zur Unterstützung der Einschätzung hilfreich sein. Einige Charttechniker stellen zum Beispiel die Betrachtung der Schlusskurse in ihren Analysen

Beispiel 1: Linienchart

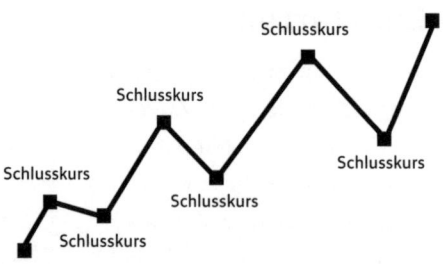

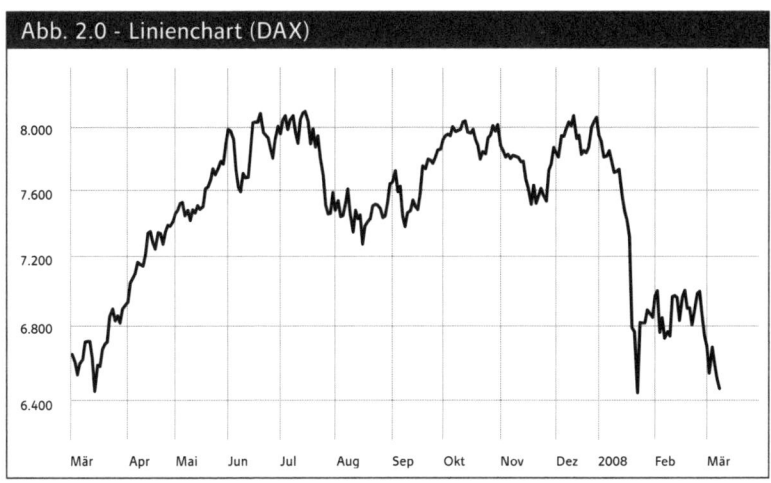

Abb. 2.0 - Linienchart (DAX)

8.000

7.600

7.200

6.800

6.400

Mär Apr Mai Jun Jul Aug Sep Okt Nov Dez 2008 Feb Mär

in den Vordergrund und verwenden daher, zumindest zusätzlich zu den häufiger genutzten Balken- oder Kerzencharts, auch Lieniencharts.

Balkencharts

Das Manko der Lienencharts, welche die Entwicklung innerhalb des gewählten Intervalls ausklammern, wurde bereits Ende der 1950er-Jahre mit der Entwicklung von Balkencharts behoben. Bei diesem auch Barchart genannten Typ wird jedes Intervall als senkrechte Linie dargestellt.

Beispiel 2: Barchart

Höchstkurs

Eröffnungskurs

Handels-
spanne

Schlusskurs

Tiefstkurs

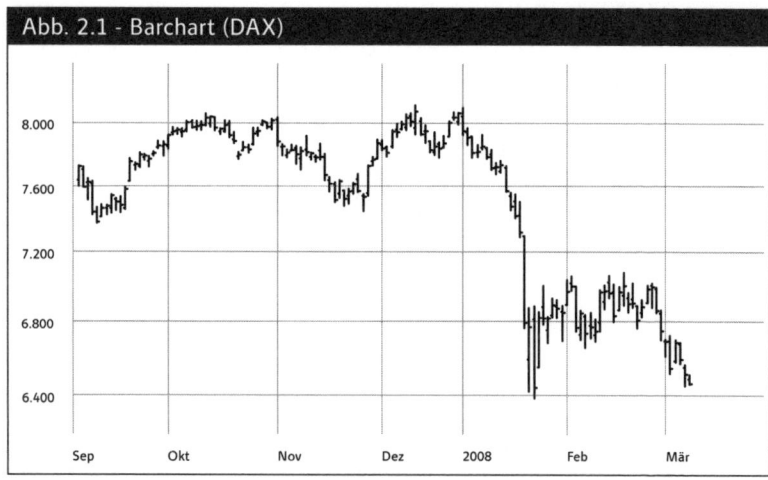

Abb. 2.1 - Barchart (DAX)

8.000
7.600
7.200
6.800
6.400

Sep   Okt   Nov   Dez   2008   Feb   Mär

Das obere Ende dieser Linie markiert dabei jeweils den Höchstkurs, der innerhalb des Intervalls erreicht wurde. Analog zeigt das untere Ende den entsprechenden Tiefstkurs an, sodass die Linie damit auch der Handelsspanne entspricht. Mit einem waagerechten Strich auf der linken Seite kennzeichnen Barcharts den Eröffnungskurs, während der Strich auf der rechten Seite den Schlusskurs anzeigt. Damit lassen sich aus Balkencharts alle relevanten Kursinformationen – Eröffnungs-, Höchst-, Tiefst- und Schlusskurs sowie die Handelsspanne – herauslesen.

Candlestick-Charts

Candlestick- oder Kerzencharts enthalten dieselben Informationen wie die Balkencharts. Die visuelle Erfassung der Information ist jedoch wesentlich einfacher. Kerzencharts stellen die Spanne zwischen Eröffnungs- und Schlusskurs als kleines Rechteck dar – den Kerzenkörper. Darüber hinausragende Schwankungen werden als Docht oder oberer Schatten, darunter ragende als Lunte oder unterer Schatten dargestellt. Damit hat diese Darstellungsform eine gewisse Ähnlichkeit mit einer Kerze – daher auch der Name.

Um kenntlich zu machen, ob der Schlusskurs höher oder tiefer als der Eröffnungskurs liegt, haben die Kerzen zudem unterschiedliche Farben.

Beispiel 3: Candlestick-Chart

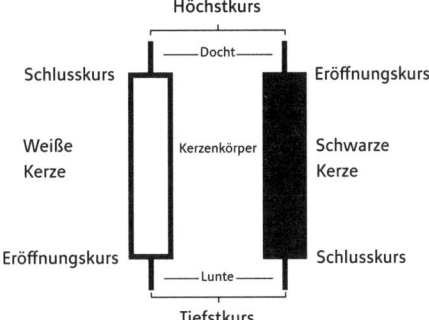

Die Kerze ist weiß, falls der Schlusskurs höher liegt, und schwarz, falls er niedriger liegt. Die Farbe zeigt also an, ob der Kurs innerhalb des Intervalls eher gestiegen oder eher gefallen ist. Manche Kurssysteme benutzen auch andere Farbgebungen. Fallende Kurse sind dann zum Beispiel rot gekennzeichnet, während steigende grün sind.

Der Candlestick-Chart gilt als Standardformat bei der Chartdarstellung, da er sowohl im kurzfristigen als auch im langfristigen Zeithorizont genutzt werden kann und alle relevanten Daten besonders aussagekräftig darstellt. Im weiteren Verlauf dieses Buches werden daher häufig Candlestick-Charts verwendet.

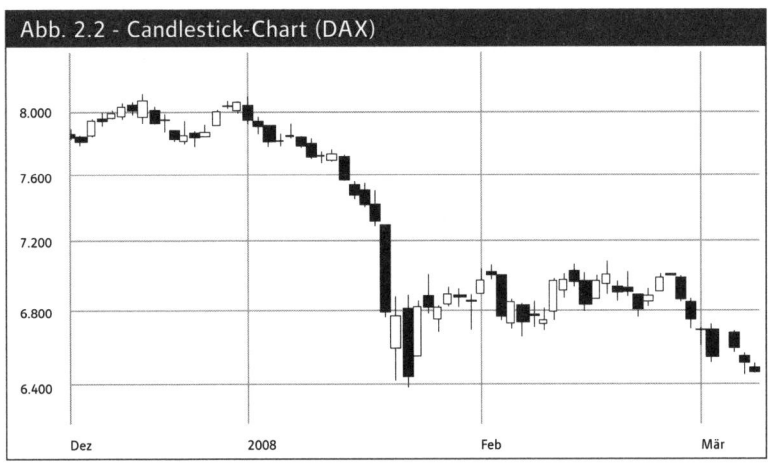

Abb. 2.2 - Candlestick-Chart (DAX)

Sonderformen: „Point and Figure"-, Kagi-, Renko- und „Three Line Break"-Charts

Neben den dargestellten Formen – Linien-, Bar- und Candlestick-Charts – gibt es noch Sonderformen: „Point and Figure"-, Renko-Charts und „Three Line Break". Da diese Chartformen sehr selten beziehungsweise nur von Spezialisten verwendet werden, sollen sie nur der Vollständigkeit halber kurz erläutert werden. Sie können darauf vorerst aber auch problemlos verzichten, diesen Teil überspringen und ab dem Abschnitt „Kompression und Skalierung" weiterlesen.

„Point and Figure"-Charts:

Der „Point and Figure"-Chart, kurz PF-Chart, ist eindeutig auf die Bestimmung des Trends spezialisiert. Der Unterschied zu „normalen" Charts ist im Wesentlichen, dass die Zeitachse bei PF-Charts keine Beachtung findet. PF-Charts bestehen meist aus grünen (grauen) „X" und roten (schwarzen) „0". Jedes X steht dabei für eine Kursbewegung von einer bestimmten Größe, die vom Analysten entweder in einer prozentualen oder einer absoluten Größenordnung frei definiert werden kann. Aufwärtsbewegungen um die festgelegte Einheit werden mit einem grünen X gekennzeichnet, Abwärtsbewegungen entsprechend mit einer roten 0. Die Symbole werden so lange über- oder untereinander eingezeichnet, bis eine Trendumkehr stattfindet. Ändert der Kurs seine Rich-

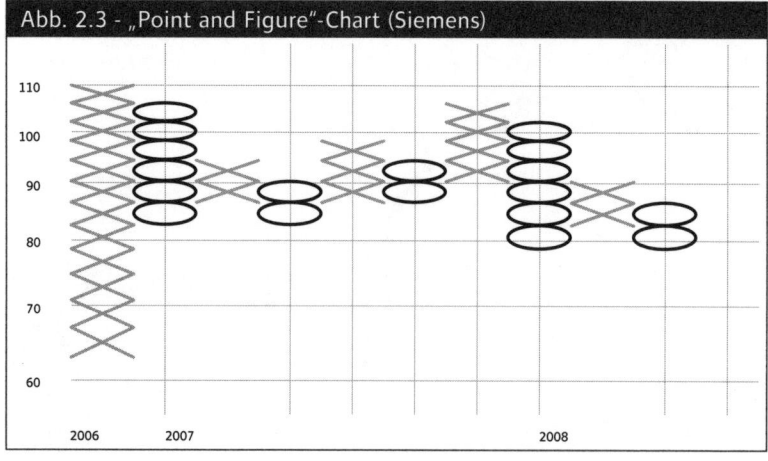

Abb. 2.3 - „Point and Figure"-Chart (Siemens)

tung um einen voreingestellten Wert, die sogenannte Reversal-Größe, wird eine neue vertikale X- oder 0-Reihe begonnen. Der Vorteil von PF-Charts ist die gute Vorhersehbarkeit von Trendänderungen.

Kagi-Charts

Kagi-Charts stammen aus Japan und werden durch eine Aneinanderreihung von vertikalen dicken und dünnen Linien gebildet. Die Richtung beziehungsweise Stärke der Linien hängt von der jeweiligen Kursbewegung ab. Wie bei den PF-Charts wird bei Kagi-Charts die Zeitachse vernachlässigt. Die vertikale Linie wird so lange verlängert, wie der Kurs seine Richtung fortsetzt. Erst wenn der Kurs seine Richtung ändert, wechselt auch die Linie ihre Richtung. Das geschieht wie bei PF-Charts in Abhängigkeit von der Reversal-Größe.

Dicke Linien signalisieren eine Nachfrage, die das Angebot übersteigt, was steigende Kurse zur Folge hat. Wenn das Angebot die Nachfrage übersteigt und die Kurse fallen, wird dies mit dünnen Linien dargestellt. Handelssignale werden dabei durch Linienwechsel generiert. Der Wechsel von einer dünnen zu einer dicken Linie ist ein Kaufsignal. Ein Verkaufssignal wird entsprechend durch den Wechsel von dick auf dünn erzeugt. Wie PF-Charts zeigen Kagi-Charts nur die Trendrichtung des Basiswerts an.

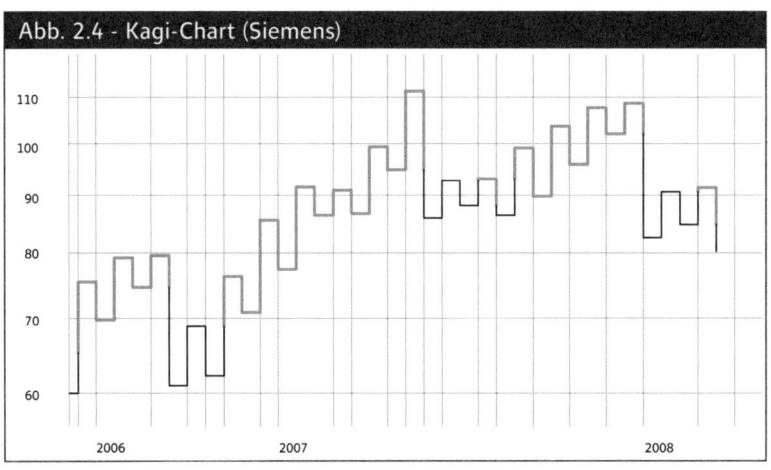

Abb. 2.4 - Kagi-Chart (Siemens)

Renko-Charts

Renko-Charts sind ebenfalls eine japanische Erfindung, deren Name sich vom japanischen Wort Renga (Ziegel) ableitet. Der Renko-Chart wird durch eine Aneinanderreihung von ausgefüllten (oder schwarzen, roten) beziehungsweise unausgefüllten (oder weißen, grünen) Ziegeln (Bricks) gebildet. Schwarze (rote) Bricks stehen dabei für fallende Kurse, während weiße (grüne) Bricks für steigende Kurse stehen. Die Größe der Kästchen oder Bricks ist immer gleich. Ein neues Kästchen wird im Chart dann eingezeichnet, wenn sich der Kurs des Basiswerts um einen vorher definierten Mindestbetrag verändert hat. Diesen Mindestbetrag muss jeder Anwender vorher selbst festlegen, was insofern Sinn macht, als es je nach Aktie zu unterschiedlich hohen Kursschwankungen kommen kann.

Die Logik, um bei Renko-Charts Trends und Trendwenden zu erkennen, ist einfach und durch die Farbe beziehungsweise den Farbwechsel festgelegt. So ergibt sich zum Beispiel ein Kaufsignal, wenn sich die Brick-Farbe von ausgefüllt zu unausgefüllt ändert. Umgekehrt wird bei einem Wechsel von unausgefüllten zu ausgefüllten Bricks ein Verkaufssignal generiert.

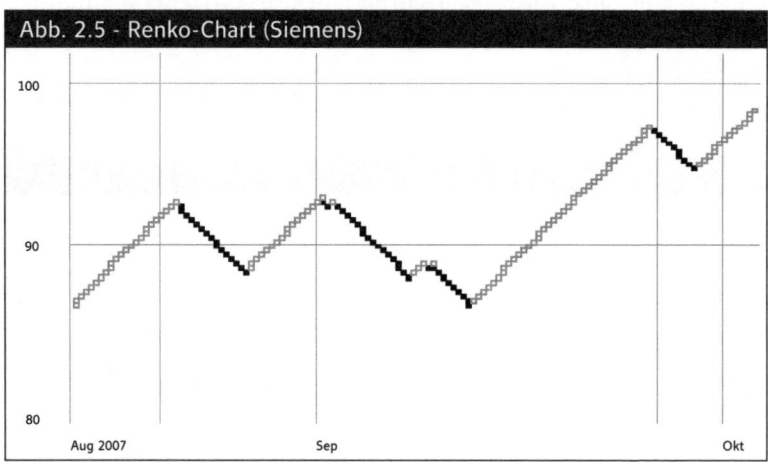

Abb. 2.5 - Renko-Chart (Siemens)

Three Line Break

Der „Three Line Break"-Chart wird durch die Aneinanderreihung von schwarzen und weißen oder auch grünen und roten Blöcken gebildet.

Ein weißer (grüner) Block entsteht zum Beispiel, wenn der Schlusskurs des aktuellen Handelstags das Vortageshoch überwindet. Dementsprechend entsteht ein schwarzer (roter) Block, wenn der Schlusskurs des aktuellen Handelstags unter dem des Vortagestiefs liegt. Wenn der Kurs kein neues Hoch oder Tief markiert, wird nichts eingezeichnet.

Beim Three Line Break werden die Handelssignale nicht durch Farbwechsel generiert, sondern, wie der Name schon andeutet, durch den Vergleich des aktuellen Kurses mit dem Höchst- beziehungsweise Tiefstpunkt des vorvorletzten Blocks. Ein Kaufsignal entsteht, wenn der aktuelle Höchstkurs den Höchstkurs des drittletzten schwarzen (roten) Blocks übersteigt, und ein Verkaufssignal, wenn der aktuelle Tiefstkurs den Tiefstkurs des drittletzten weißen (grünen) Blocks unterschreitet.

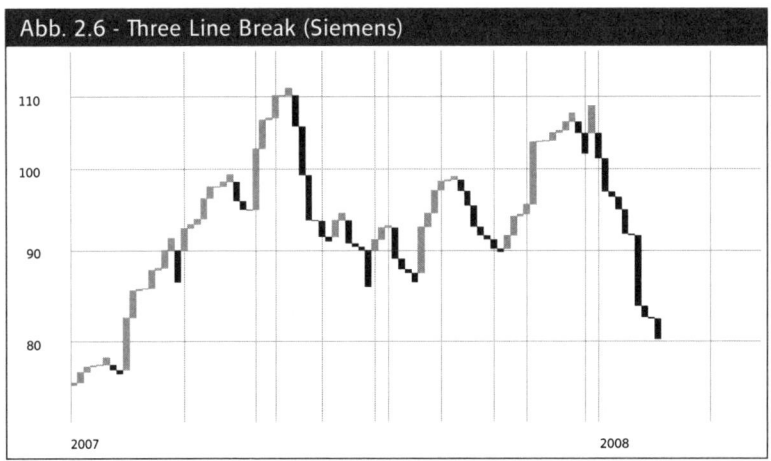

Abb. 2.6 - Three Line Break (Siemens)

Kompression und Skalierung

Kursverläufe (Charts) lassen sich in verschiedenen zeitlichen Einheiten, Perioden oder Intervallen darstellen, etwa in Monaten, Wochen, Tagen, Stunden oder Minuten. Im Tageschart zum Beispiel steht eine Kerze für den Kursverlauf eines Tages. Im Wochenchart repräsentiert eine Kerze den Kursverlauf einer Woche und im Monatschart den eines Monats und so weiter. Welche Einteilung vom jeweiligen Analysten vorzunehmen ist, hängt vom Anlagehorizont ab.

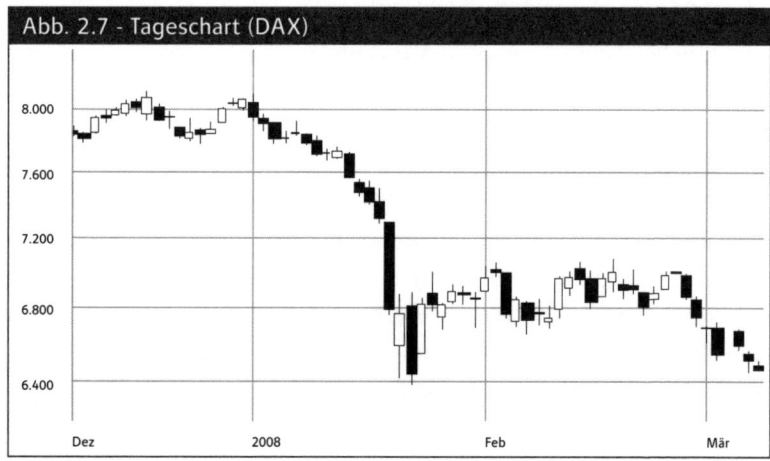

Abb. 2.7 - Tageschart (DAX)

Investoren haben in der Regel einen mittel- bis langfristigen Anlagehorizont. Sie beurteilen deshalb eher längerfristige Kursverläufe mithilfe von Jahres-, Quartals-, Monats- und Wochencharts. Trader/Daytrader handeln in sehr kurzfristigen Zeiträumen. Zwar werden Trader bei der Chartanalyse auch immer einen Blick auf Monats- und Wochencharts werfen, um eine Vorstellung von übergeordneten Trends zu erhalten, im Fokus der Analyse stehen jedoch insbesondere Chartabschnitte mit kurzen Perioden. Trader werden sich also vor allem an Tagescharts, 60-, 30-, 15-, 10-, 5- und 1-Minuten-Charts oder Tick-Charts orientieren.

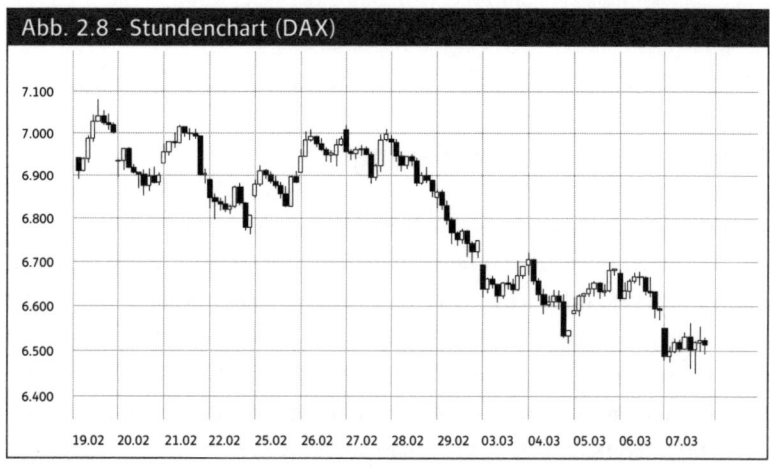

Abb. 2.8 - Stundenchart (DAX)

Es ist empfehlenswert, bei der Analyse ausgehend von den großen in Richtung der kleineren Chartintervalle vorzugehen. So können mögliche Signale früher erkannt werden. Liegt zum Beispiel im Tageschart eine bullishe Kerzenformation (siehe Exkurs Candlestick-Formationen) in der Nähe einer Unterstützung, Durchschnittslinie, Trendlinie oder Ähnlichem vor, die im 60-Minuten-Chart durch eine bullishe Bodenformation bestätigt wird, liegt in beiden Fällen eine positive charttechnische Signallage vor – ein Long-Einstieg wäre in diesem Fall Erfolg versprechend. Bildet sich jedoch im kleineren Chartintervall ein bearishes Kursmuster aus, kündigt dies einen Bruch der Unterstützung, Durchschnittslinie, Trendlinie oder Ähnlichem an.

Logarithmisch oder linear?

Bei der Darstellung der Charts haben Sie grundsätzlich die Wahl zwischen einer arithmetischen und einer logarithmischen Kursskalierung (Y-Achse). Abbildung 2.9 zeigt den DAX seit 1998 und den Unterschied zwischen beiden Möglichkeiten.

Bei der oberen, arithmetischen Einteilung der Kursskala ist die Y-Achse in gleich große Intervalle eingeteilt – für gleiche Kurseinheiten wird der gleiche Abstand benutzt. Im logarithmischen Maßstab beziehen sich die vertikalen Abstände auf die prozentuale Veränderung, das heißt, für identische prozentuale Kursbewegungen wird auch der gleiche Abstand benutzt. Zwischen 2.000 und 4.000 Punkten etwa ist er im logarithmischen Maßstab der gleiche wie zwischen 4.000 und 8.000 Punkten, weil es in beiden Fällen einer Verdopplung entspricht.

Auf der arithmetischen Skala hingegen legt der Kurs zwischen 2.000 und 4.000 Punkten die gleiche Entfernung zurück wie zwischen 4.000 und 6.000 Punkten, obwohl sich im ersten Fall der Kurs verdoppelt und im zweiten nur um 50 Prozent verändert.

Beachten Sie dabei, dass bei den beiden Varianten unterschiedliche Signale vorliegen können: Während im logarithmischen Chart der langfristige Aufwärtstrend seit 2003 bereits früh gebrochen wurde, unterschreitet der DAX im arithmetischen wesentlich später seinen Aufwärtstrend. Trotz dieser Unterschiede werden beide Varianten in der Praxis gleichermaßen eingesetzt, wobei für lange Zeiträume in der Regel

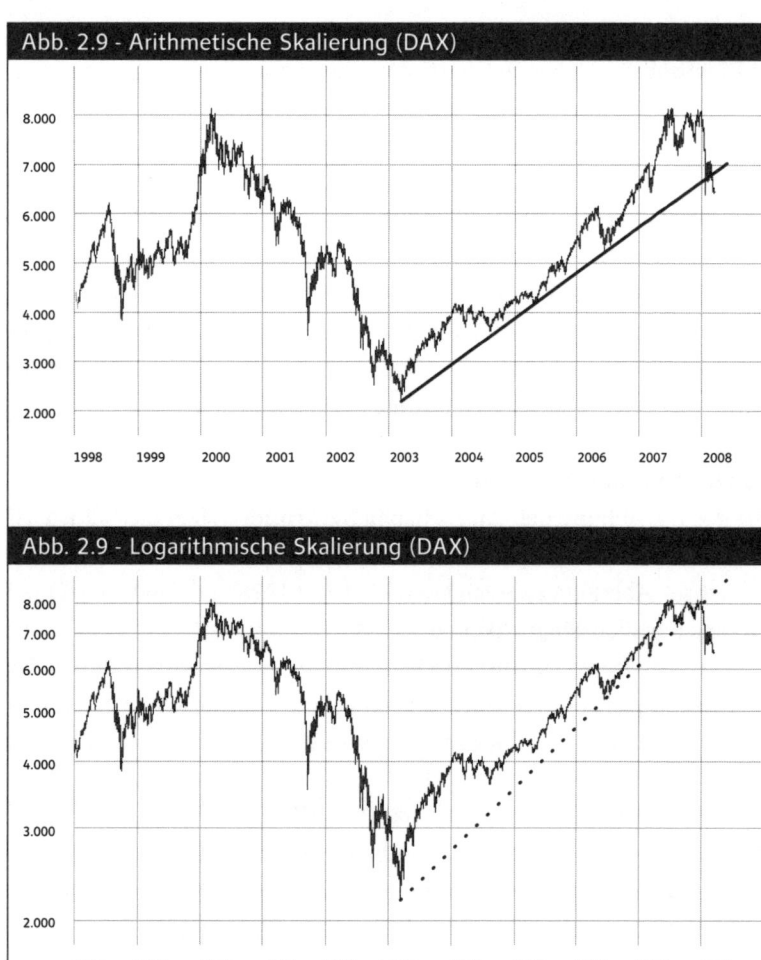

Abb. 2.9 - Arithmetische Skalierung (DAX)

Abb. 2.9 - Logarithmische Skalierung (DAX)

auf logarithmische Charts zurückgegriffen wird. Im Rahmen dieses Buches werden fast ausschließlich logarithmische Charts betrachtet.

Basiskonzept

Die Basis der Technischen Analyse ist die sogenannte Dow-Theorie. Sie geht von drei zentralen Annahmen aus:

Abb. 2.10 - Primär-, Sekundär und Tertiärtrend (DAX)

Aktienkurse bewegen sich in Trends.

In der Praxis wird zwischen drei Trendarten unterschieden: Primärtrends, Sekundärtrends und Tertiärtrends. Unter Primärtrends sind langfristige Trends, die ein Jahr oder länger dauern, zu verstehen, während Sekundärtrends einen mittelfristigen Horizont von zwei bis drei Monaten haben. Tertiärtrends sind kurzfristiger Natur und halten eine Woche bis zwei Monate an.

Primärtrends lassen sich zudem in verschiedene Phasen einteilen: Die erste Phase, wenn die gut informierten Investoren (Insider) kaufen, nachdem zum Beispiel nach einem Abwärtstrend alle schlechten Nachrichten in den Kurs eingearbeitet sind, wird als Akkumulationsphase bezeichnet. An diese Phase schließen sich die Trendfolger an. Die Kurse beginnen sich in der Regel dynamisch zu entwickeln und die Wirtschafts- und Unternehmensnachrichten werden besser. Die Endphase ist durch eine zunehmende Teilnahme der Öffentlichkeit charakterisiert. Das spekulative Volumen nimmt zu und die gut informierten, frühen Käufer beginnen mit dem Positionsabbau (Distribution).

Ein Trend existiert so lange,
bis ein definitives Trendwendesignal auftritt.
Das Ziel der Charttechnik ist klar definiert: einen neuen Aufwärts-
oder Abwärtstrend möglichst früh zu identifizieren, so lange wie mög-
lich daran zu partizipieren und rechtzeitig wieder auszusteigen. Als
Analysewerkzeuge, um mögliche Richtungswechsel zu erkennen, eignen
sich Trendlinien, Unterstützungs- und Widerstandsmarken, Kurs-
informationen und gleitende Durchschnitte.

Die Kurse diskontieren alles.
Ein Chart ist eine Aggregation menschlicher Handelsentscheidun-
gen und damit ein Abbild sämtlicher Informationen zum jeweils zu-
grunde liegenden Basiswert (siehe Abschnitt „Was ist Charttechnik
und warum funktioniert sie?"). Ohne diese Voraussetzung könnte
die Charttechnik nicht funktionieren.

Trend und Trendbestätigung

Nachdem die grundlegenden Basisannahmen getroffen sind, stellt sich
die wichtigste Frage der gesamten Charttechnik überhaupt: Wie entsteht ein Trend?

Grundsätzlich gibt es zwei mögliche Richtungen – aufwärts oder abwärts. Dementsprechend unterscheiden Charttechniker zwischen Aufwärts- und Abwärtstrends. Zwar können die Kurse auch für einen längeren Zeitraum seitwärts notieren, für das Trendkonzept klammern wir diesen Fall jedoch zunächst aus, da es sich dann meist um Konsolidierungs- oder Trendwendemuster handelt, die in Kapitel 3 vorgestellt werden.

Ein Aufwärtstrend wird definiert durch die Verbindung von mindestens zwei ansteigenden Reaktionstiefs – in Abbildung 2.11 die Tiefs (1) und (3) –, wobei das zweite Reaktionstief (3) höher als das erste liegen muss.

Um wirklich von einem Aufwärtstrend sprechen zu können, muss eine zweite Mindestvoraussetzung erfüllt sein. Nach dem Tief (3) muss der Kurs erst noch das vorangegangene Hoch (2) überschreiten. Denn erst mit dem Überwinden dieses Zwischenhochs steht das zweite Reaktionstief (3) auch als solches fest. Der Aufwärtstrend ist per definitionem so lange intakt, bis ein vorhergehendes Tief unterschritten wird. Im Beispiel in Abbildung 2.11 – hier handelt es sich um den DAX auf Wochenbasis seit 1998 – war das mit dem Unterschreiten des Zwischentiefs bei 7.500 Punkten der Fall.

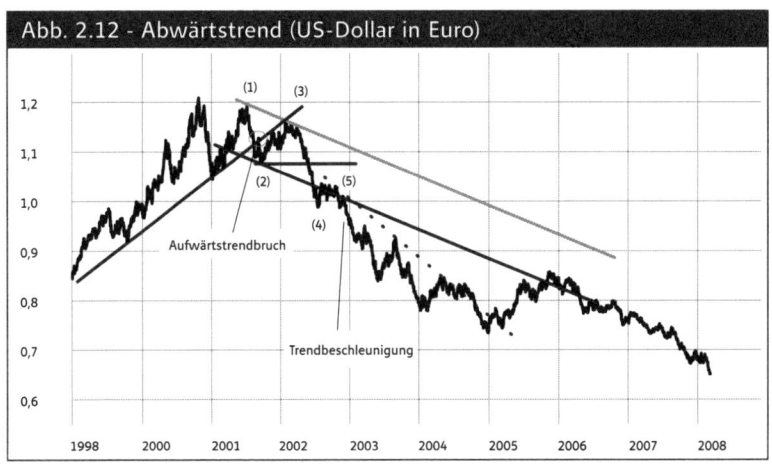

Abb. 2.12 - Abwärtstrend (US-Dollar in Euro)

Beim Abwärtstrend (Abbildung 2.12) ist der Fall genau umgekehrt. Er wird definiert durch die Verbindung von zwei aufeinanderfolgenden Verlaufshochs und wird bestätigt, wenn das Verlaufstief zwischen den beiden Hochpunkten unterschritten wird. Im oben abgebildeten US-Dollar/Euro-Chart markieren die Hochpunkte (1) und (3) den möglichen Abwärtstrend, der durch das Unterschreiten von Tief (2) bestätigt wurde.

Der Trend hat sich im weiteren Verlauf sogar beschleunigt, was durch die zweite, steilere Abwärtstrendlinie kenntlich gemacht ist. Eine Beschleunigung wie in diesem Fall ist für den Analysten ein wichtiges Signal, denn sie bestätigt den gerade begonnenen Abwärtstrend. Daneben sind scharfe Bewegungen in Trendrichtung, wie zum Beispiel von Hochpunkt (3) zu Tiefpunkt (4), ebenso Zeichen für dessen Verlässlichkeit wie sehr flach verlaufende Korrekturen der Abwärtsbewegung, etwa von Tief (4) zu Hoch (5). Trendlinien sind zudem umso signifikanter, je länger sie bestehen und je öfter sie getestet wurden – also je öfter der Kurs die Trendlinie tangiert.

Auch den Steigungs- oder Neigungswinkel sollten Sie bei der Analyse beachten. Flache Trends deuten auf Schwäche hin, zu steile wiederum werden schwer durchzuhalten sein. Das Optimum liegt in diesem Fall in der goldenen Mitte.

Natürlich kann es vorkommen, dass nach der Bestätigung eines Trends der Kurs trotzdem in die „falsche Richtung" läuft, was im schlimmsten Fall Geld kosten kann. Doch damit müssen sich alle, die an der Börse tätig sind, arrangieren können und mit entsprechenden Stopp-Limits mögliche Verluste begrenzen. Das Trendkonzept ist sicher kein Selbstläufer, aber als Handelsansatz allemal erfolgreicher, als sich zum Beispiel von Gefühlen leiten zu lassen und rein „aus dem Bauch heraus" zu handeln.

MERKE:

▶ Ein Aufwärtstrend wird durch zwei ansteigende Tiefs definiert. Methodisch sicher ist ein Aufwärtstrend jedoch erst zu identifizieren, wenn das zwischen den beiden Tiefs liegende Hoch überschritten wird, nachdem der Chart das zweite Tief markiert hat.

- Ein Abwärtstrend wird durch zwei fallende Hochs definiert. Methodisch sicher ist ein Abwärtstrend jedoch erst zu identifizieren, wenn das zwischen den beiden Hochs liegende Tief unterschritten wird, nachdem der Chart das zweite Hoch markiert hat.
- Kursbeschleunigungen in Trendrichtung bestätigen den vorliegenden Trend ebenso wie flach verlaufende Korrekturen innerhalb des Trends.
- Flache Trends deuten auf Schwäche hin, während zu steile Trends meist von eher kurzer Dauer sind.
- Je länger Trendlinien intakt sind, desto zuverlässiger sind sie.
- Viele Berührungspunkte zwischen Kurs und Trendlinie erhöhen die Signifikanz des Trends.

Ein- und Ausstiegssignale

Um einen neuen Trend zu erkennen, müssen Sie natürlich wissen, ob der Trend, der davor gültig war – sei es ein Seitwärts-, Aufwärts- oder Abwärtstrend –, sicher beendet ist. Das ist dann der Fall, wenn der Chart seine Trendlinie durchbricht. Das Trendbruchsignal ist daher für den Chartanalysten das wichtigste charttechnische Signal überhaupt.

Abb. 2.13 - Trendbruchsignal im Abwärtstrend (DAX)

Im Falle einer vorangegangenen Abwärtsphase liefert der Bruch des Abwärtstrends den entscheidenden Hinweis – das eigentliche charttechnische Kaufsignal. Wenn sich per definitionem zudem ein neuer Aufwärtstrend herauskristallisiert, sprechen zwei Argumente für eine anschließende Aufwärtsbewegung. Viele Anleger versuchen, Ausbrüche und neue Trends zu antizipieren. Das funktioniert jedoch genauso oft, wie es schiefgeht. Bei Abbildung 2.11 aus dem Abschnitt „Trend und Trendbestätigung" zum Beispiel erfolgt die Bestätigung des neuen Aufwärtstrends durch das Überschreiten von Hoch (2) erst wesentlich später nach dem ursprünglichen Bruch des Abwärtstrends zu deutlich höheren Kursen.

Dennoch ist es sinnvoller, erst dann prozyklisch einzusteigen, wenn der neue Aufwärtstrend sicher durch die Erfüllung beider Mindestkriterien identifiziert werden kann, da dann Ihr Chance-Risiko-Verhältnis wesentlich besser ist.

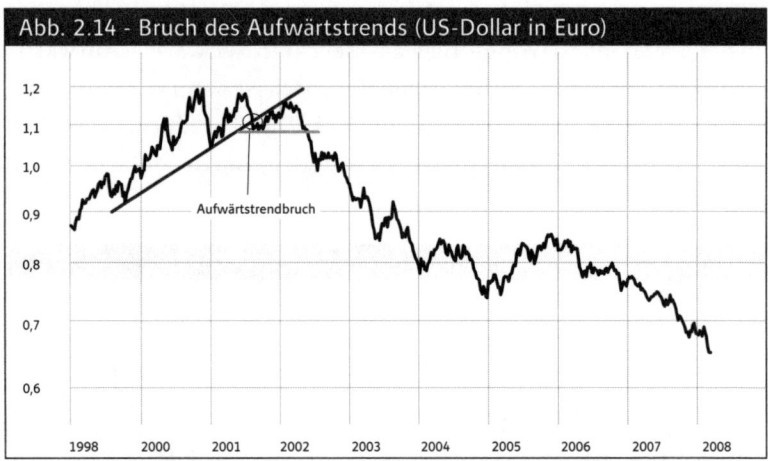

Abb. 2.14 - Bruch des Aufwärtstrends (US-Dollar in Euro)

Beim Studium von Trendbrüchen in der Vergangenheit werden Sie feststellen, dass das Timing mit dieser Methodik häufig optimal ist. Abbildung 2.14 zeigt das deutlich: Dem Verkaufssignal beim US-Dollar durch den Bruch des Aufwärtstrends folgte wenig später die Bestätigung des Abwärtstrends für einen prozyklischen Einstieg auf der

Short-Seite – zum nahezu bestmöglichen Zeitpunkt, wie die scharfe Korrektur im Anschluss zeigt.

Auch wenn Sie im Falle eines Trendbruchs vor einem Neuengagement eine Bestätigung durch die zweite Mindestvoraussetzung abwarten sollten, vermittelt ein Trendbruch eine klare Botschaft: Der Trend ist erst einmal vorbei! Im Falle eines Aufwärtstrendbruchs sollten daher Long-Positionen, beim Abwärtstrendbruch Short-Positionen entsprechend glattgestellt werden. Natürlich kann es dabei auch zu Fehlsignalen kommen, jeder Charttechniker und jeder Börsianer hat dies schon erlebt. Zu früh ausgestoppt zu werden ist jedoch allemal besser als die häufig verlustreiche Hoffnung, dass sich die Kurse nach dem Break doch noch einmal in die gewünschte Richtung bewegen.

Bedeutung des Trendkanals

Wer das Trendkonzept bisher aufmerksam verfolgt hat, wird unweigerlich zu der Feststellung gelangen, dass die Trendbruchsignale relativ spät generiert werden. Ein Ausstieg in der Nähe des Tops bei Aufwärtstrends beziehungsweise in Low-Nähe beim Abwärtstrend ist damit nahezu ausgeschlossen. Es gibt jedoch noch zwei Möglichkeiten, mit deren Hilfe Sie Ihr Handelsergebnis deutlich verbessern können – im

Abb. 2.15 - Trendkanal (E.on)

Fachjargon antizyklischer Ein- und Ausstieg genannt. Neben Unterstützungen und Widerständen, die im Abschnitt „Unterstützung und Widerstand" näher beleuchtet werden, ist der sogenannte Trendkanal ein bewährtes Mittel für einen optimalen Ein- und Ausstieg.

Was genau ist unter einem Trendkanal zu verstehen? Sobald eine grundlegende Trendlinie gezogen wurde, in Abbildung 2.15 etwa durch die Tiefpunkte (1) und (3), können Sie eine Kanal- oder auch Umkehrlinie als Parallele durch den Hochpunkt (2) einzeichnen.

Die beiden Linien stellen die Begrenzungsmarken für den Trendkanal dar. Man spricht dann auch von Unterstützung und Widerstand (siehe Abschnitt „Unterstützung und Widerstand"). In der Praxis kann es natürlich vorkommen, dass im weiteren Kanalverlauf ein Hoch über das Ziel hinausschießt. In diesem Fall können Sie die Begrenzungslinie entsprechend nachjustieren, indem Sie diese durch das neue Hoch ziehen. Entscheidend beim Trendkanal ist jedoch nicht unbedingt, die Trendwende auf den Cent genau bestimmen zu können. Entscheidend ist, dass die Theorie – an der unteren Trendlinie kaufen und an der oberen Trendlinie verkaufen – in der Praxis hervorragend funktioniert, wie Abbildung 2.16 zeigt.

Unter bestimmten Voraussetzungen können Sie aus dem Kanal selbst weitere wichtige Hinweise bezüglich der Stärke des vorliegenden Trends herauslesen, und zwar dann, wenn der Kurs nachhaltig in

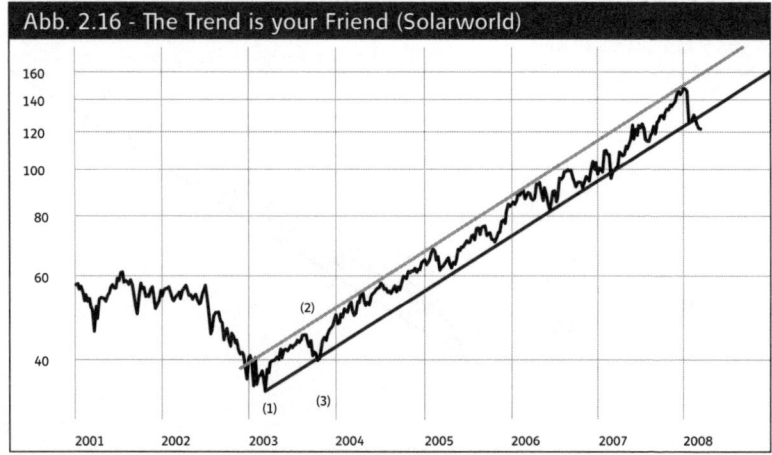

Abb. 2.16 - The Trend is your Friend (Solarworld)

Trendrichtung über die Kanalbegrenzung hinausschießt. Dann nämlich beschleunigt sich der Trend. Der Abwärtstrend des US-Dollar in Abbildung 2.12 zum Beispiel beschleunigte sich, nachdem der Greenback die untere Kanalbegrenzung durchbrochen hatte. Oft kehrt der Kurs nach einem solchen Kanalausbruch wieder in seinen Ursprungskanal zurück, der Dollar jedoch ging in einen noch steileren Kanal über, was letztendlich in einer mehrjährigen Talfahrt mündete. Erfolgreiche Kanalausbrüche sind daher zuverlässige Hinweise für die Nachhaltigkeit von bestehenden Trends.

Kanalausbrüche wie beim US-Dollar sind jedoch nicht an der Tagesordnung. In den meisten Fällen bleiben Trendkanäle ihrer Eigenschaft, Kursanstiege und Korrekturbewegungen zu bremsen, treu. Diese Eigenschaft macht Trendkanäle zur Bestimmung von Kurszielen sehr wertvoll, etwa wenn die Frage aufgeworfen wird, wie weit eine Kursbewegung gehen kann, wenn eine bestimmte Chartformation den laufenden Trend bestätigt. Die Begrenzungslinien des übergeordneten Trendkanals geben dafür einen guten ersten Anhaltspunkt.

Aufgrund der Tatsache, dass eine Vielzahl von Marktteilnehmern denselben Trendkanal im Visier hat, ist verständlich, dass ein Trendkanal immer ein Thema ist, das in der Praxis häufiger funktioniert, als dass es das nicht tut.

 MERKE:

▶ Ein Aufwärtstrendkanal wird gebildet, indem man zur Aufwärtstrendlinie eine Parallele durch die Hochpunkte im Chart zeichnet.

▶ Ein Abwärtstrendkanal wird gebildet, indem man zur Abwärtstrendlinie eine Parallele durch die Tiefpunkte im Chart zeichnet.

▶ Die Kanalbegrenzungslinien fungieren als Unterstützung und Widerstand, die Kursanstiege und Korrekturbewegungen bremsen.

▶ Ausbrüche in Trendrichtung aus der Kanalbegrenzung bestätigen und verstärken den zugrunde liegenden Trend.

▶ Trotz des antizyklischen Ein- und Ausstiegsmotivs von Trendkanälen sollte die grundlegende Handelsstrategie an der Trendrichtung orientiert sein.

Bei allem Nutzen, den der Trendkanal für einen antizyklischen Ein- und Ausstieg bringt, sollten Sie sich bewusst sein, dass es in den meisten Fällen schiefgeht, sich gegen den Trend zu stellen. Es spricht nichts dagegen, im Aufwärtstrendkanal an der oberen Begrenzung auszusteigen, um an der unteren wieder einzusteigen. Es macht aber wenig Sinn, an der oberen Begrenzung auf die Short-Seite zu wechseln und gegen den eigentlichen Trend zu handeln. Warum sollte ein Aufwärtstrend auch gerade dann kippen, wenn Sie short engagiert sind? Wenn überhaupt, ist dies nur etwas für absolute Profitrader.

Sehen Sie einen Trend als sprichwörtlichen Freund – „The Trend is your Friend" – und folgen Sie ihm, bis er bricht. Der Chart von Solarworld (Abb. 2.16) ist dafür ein Paradebeispiel: Wer den Aufwärtstrend seit 2002 frühzeitig erkannt hatte, hätte zügig sein Kapital verdoppeln oder verdreifachen können. Die Verlockung, frühzeitig Gewinne mitzunehmen oder gar auf die Short-Seite zu wechseln, ist nach einer derart rasanten Kursbewegung groß. Aber trotzdem: Wer den Trend im Auge hatte, blieb gelassen und hat sein Kapitel vervielfacht, anstatt mit der Spekulation auf fallende Kurse Geld zu verlieren.

Unterstützung und Widerstand

Neben den Trendlinien gibt es eine weitere Form wichtiger Linien: Unterstützungen und Widerstände. Sie markieren markante Hoch- und Tiefpunkte im historischen Kursverlauf, an denen die Aufwärts- respektive die Abwärtsbewegung ein oder mehrere Male gestoppt wurde.

Unterstützungen und Widerstände wechseln ihre Funktion, wenn sie unter- oder überschritten werden. Widerstände werden nach Überschreitung zu einer Unterstützung. Gebrochene Unterstützungen werden dagegen zum Widerstand. Ähnlich wie beim Bruch von Trendlinien spricht man beim Überschreiten eines Widerstands von einem Kaufsignal und beim Unterschreiten einer Unterstützung von einem Verkaufsignal. Abbildung 2.17 zeigt die Systematik von Unterstützung und Widerstand anhand des Euro/Dollar-Charts.

Ende März 2006 überwand der Euro den Widerstand bei 1,25 Dollar, der wiederum aus dem Zwischenhoch im Juli 2005 resultierte.

Abb. 2.17 - Unterstützung und Widerstand (Euro in US-Dollar)

Nach dem Break dieses Widerstands „verwandelte" er sich in eine Unterstützung, die in den folgenden Monaten mehrmals erfolgreich getestet wurde. Im September 2006 ist zudem eine weitere Besonderheit zu erkennen: eine sogenannte Kreuzunterstützung, da auf dem Kursniveau von 1,25 Dollar zwei Unterstützungen verlaufen – eine horizontale Unterstützung und die Aufwärtstrendlinie. Dasselbe gibt es natürlich auch als Kreuzwiderstand, wenn Abwärtstrend- und Widerstandslinie sich überschneiden.

Wenn Sie sich die einzelnen Widerstands- und Unterstützungsmarken genauer ansehen, werden Sie wie bei den Trendkanallinien feststellen, dass der Charttechniker nicht auf den Cent genau arbeiten kann. Vor allem bei Unterstützungen werden Sie häufig beobachten können, dass diese intraday immer mal unterschritten werden, sich der Kurs danach aber zügig wieder über die Unterstützung „rettet". Man spricht dann von einem Fehlsignal oder „False Break". Dass solche Fehlsignale vorkommen können, liegt mit Einschränkung daran, dass Anleger zum Beispiel Unterstützungszonen als Anhaltspunkte für das Platzieren von Stoppkursen benutzen. Werden die Stopps ausgelöst, folgen entsprechende Bestens-Orders, die den Kurs kurzfristig drücken. Sind die Verkaufsaufträge abgearbeitet, folgt meist eine Kurserholung. Derartige Kursmuster werden Sie jedoch mit zunehmender Erfahrung relativ sicher erkennen können.

Der Blick auf den Euro/Dollar-Chart verrät einen weiteren wichtigen Aspekt, nämlich dass Widerstände eine Aufwärtsbewegung nicht zwingend aufhalten! Die Widerstände bei 1,25 Dollar, 1,29 Dollar und 1,34 Dollar zeigten keinerlei Wirkung. Auch wenn vor diesem Hintergrund die Bezeichnung Widerstand unlogisch erscheint, so steckt in dem Kursverhalten doch eine wichtige Botschaft: Solange ein Wert es schafft, auf dem Weg nach oben die Widerstände problemlos zu überwinden, ist der Trend kerngesund. Daher ist der Break eines Widerstands als prozyklisches Kaufsignal zu interpretieren. Umgekehrt ist es natürlich eine ernst zu nehmende Warnung, wenn ein Widerstand einmal nicht mehr überwunden werden kann. Zumindest deutet dies darauf hin, dass die Dynamik des Trends nachlässt und man möglicherweise mit einer Korrektur rechnen muss.

Liegt ein Chart mit einer derartigen Konstellation vor, rückt ein baldiger Ausstieg unweigerlich in den Vordergrund. Im Chart von ThyssenKrupp in Abbildung 2.18 wurde mit dem „False Break" unter die Unterstützung bei 40 Euro ein erster Warnschuss abgegeben. Die Tatsache, dass der Widerstand bei 47 Euro den Aufwärtstrend gestoppt hat, spricht für eine nachlassende Dynamik und gemeinsam mit dem Bruch der Unterstützung bei 40 Euro in diesem Fall sogar für eine Trendwende, wobei ein neuer Abwärtstrend per definitionem jedoch noch nicht bestätigt ist.

Abb. 2.18 - Unterstützungen als Kurszielpunkte (ThyssenKrupp)

In den beiden Chart-Beispielen wird deutlich, dass die richtige Interpretation von Unterstützung und Widerstand sehr frühe Ein- und Ausstiegssignale liefert. Wenn, wie im Falle von ThyssenKrupp, alles für eine Korrektur spricht, dann ist es für den Charttechniker an der Zeit, mögliche Korrekturziele zu ermitteln. Erste Anhaltspunkte liefern immer die vorangegangenen Zwischentiefs (Unterstützungen). Im vorliegenden Fall wären das etwa die Unterstützungen bei 35 Euro und 30 Euro.

Welche Unterstützung (oder Trendlinie) eine Korrektur aufhalten wird, ist jedoch nicht so einfach vorherzusagen. Im Falle von Thyssen-Krupp kann der Technische Analyst die relevanten Korrekturziele leicht ermitteln. Damit lässt sich aber noch lange nicht mit brauchbarer Wahrscheinlichkeit sagen, bei welchem die Korrektur schließlich enden könnte. Dazu ist es wie bei allen charttechnischen Konstellationen notwendig, mehrere charttechnische Argumente – Trendlinien, Unterstützung und Volumen (siehe Abschnitt „Bedeutung des Volumens"), Technische Indikatoren (Kapitel 4) et cetera – zu verbinden.

Als Chartanalyst müssen Sie auch abschätzen können, wie wichtig die betrachteten Widerstände und Unterstützungen sind, um diese entsprechend in Ihrer Analyse gewichten zu können. Dabei verhält es sich ähnlich wie bei Trendlinien. Zeitlich betrachtet ist ein Widerstand/eine Unterstützung umso signifikanter, je länger er/sie besteht. Ein Widerstand etwa, der seit einem Jahr gilt, hat mehr Aussagekraft als einer, der erst zwei Wochen besteht. Zudem sollten Unterstützungs- und Widerstandsmarken exponiert im Chartbild sichtbar sein, es sollten sich nicht noch weitere signifikante Hochs/Tiefs in der Nähe befinden. Logisch, denn ein Widerstand sticht umso mehr hervor, je mehr er allein steht. Das trifft jedoch nicht für Chartmarken zu, die sich auf demselben Niveau befinden. Je mehr Berührungspunkte es gibt, also je öfter die Marke getestet wurde, desto bedeutsamer ist sie auch.

Die Signifikanz jener Marken bestimmt auch die Erwartungen an die Anschlussbewegung im Falle eines Bruchs. Wird ein bedeutender Widerstand überwunden, verläuft die anschließende Aufwärtsbewegung wesentlich dynamischer als bei einem eher unbedeutenden Widerstand. Wird umgekehrt eine wichtige Unterstützung nach unten durchbrochen, fällt die Abwärtsbewegung sehr dynamisch aus. Ein Gefühl dafür entwickeln Sie automatisch durch viel Übung und Erfahrung.

 MERKE:

- ▶ Unterstützungen markieren Hoch- und Tiefpunkte, an denen die Abwärtsbewegung ein oder mehrere Male gestoppt wurde.
- ▶ Widerstände markieren Hoch- und Tiefpunkte, an denen die Aufwärtsbewegung ein oder mehrere Male gestoppt wurde.
- ▶ Unterstützungen und Widerstände besitzen unterschiedliche Wertigkeiten. Je signifikanter ein Widerstand ist, desto höher sind die Erwartungen an die Anschlussbewegung im Falle eines Ausbruchs.

Bedeutung des Volumens

In den bisherigen Ausführungen sollte deutlich geworden sein, dass nur die Kombination verschiedener charttechnischer Aspekte oder Signale zum Erfolg führt. Eine der wichtigsten Komponenten ist das Volumen. Mit Volumen ist die Umsatzmenge von Wertpapieren an der Börse gemeint. Beim Trendverhalten oder bei den charttechnischen Formationen, die im nächsten Kapitel besprochen werden, hat das Volumen eine

Abb. 2.19 - Bedeutung des Volumens (Volkswagen)

entscheidende Bedeutung für die Interpretation der Kurs- und Chartmuster.

In jedem guten Chartprogramm oder Chart-Tool im Internet lässt sich das Volumen als Indikator auswählen. Dargestellt wird es in der Regel in Form von senkrechten Balken, deren Höhe das jeweilige Handelsvolumen anzeigt.

Die Bedeutung des Volumens ist leicht an einem Beispiel zu verdeutlichen. Voraussetzung für einen Aufwärtstrend ist, dass über die Dauer des Trends die Nachfrage nach einer Aktie höher ist als das Angebot. Je größer das Volumen, das mit dem Trend einhergeht, umso stabiler der Trend. Trendphasen mit hohem Volumen finden mit hoher Wahrscheinlichkeit ihre Fortsetzung. Im Umkehrschluss heißt das, dass Sie vorsichtiger werden müssen, wenn das Volumen in der Trendentwicklung abnimmt. Dann ist davon auszugehen, dass die Nachfrage nachlässt und der Fortbestand des Trends zumindest infrage zu stellen ist.

 MERKE:

▶ Es gilt der Grundsatz „volume goes with the trend" – das Volumen geht mit dem Trend: Bei einem Aufwärtstrend sollte das Volumen bei steigenden Kursen zunehmen. Fallende Kurse (Konsolidierungen) sollten entsprechend von einem rückläufigen Volumen begleitet werden.

▶ In einem Abwärtstrend stellt sich die Situation gegenteilig dar: Bei Kursrückgängen sollte sich das Volumen verstärken, während es sich bei steigenden Kursen (Konsolidierungen) abschwächt.

Natürlich wird jede Trendbewegung immer wieder durch Konsolidierungs- oder Korrekturphasen unterbrochen – dabei bilden sich bestimmte Formationen aus, die in Kapitel 3 näher beleuchtet werden. Auch hier erhalten Sie durch das Volumen wichtige Anhaltspunkte, ob Sie von einer Fortsetzung des Trends ausgehen können oder nicht. In einem intakten Trend sollte das Volumen während der Konsolidierungsphasen zurückgehen. Je stärker das der Fall ist, umso wahrscheinlicher ist es, dass die Konsolidierungsphase trendbestätigender Natur ist und der ursprüngliche Trend nach deren Beendigung fortgesetzt wird.

Bleibt das Volumen während der Konsolidierung dagegen hoch, nimmt die Gefahr zu, dass es sich um eine sogenannte Umkehrformation (Trendwendeformation) handelt und dem Namen entsprechend unter Umständen ein Trendwechsel zu befürchten ist.

Zusammenfassung

Der Chart des DAX seit 1998 in Abbildung 2.20 zeigt die bisher besprochenen grundlegenden Elemente: Trendlinien, Unterstützungen, Widerstände, Kreuzunterstützungen und -widerstände sehr schön kombiniert. Sie bekommen hier einen Eindruck davon, welche Kursreaktionen beim Bruch von Unterstützungen, Widerständen und Trends möglich sind.

Von März 2000 bis in den Herbst 2003 bewegte sich der Index in einem steilen Abwärtstrend. Der Trendbruch erfolgte im Herbst 2003. Allerdings dauerte es bis Ende 2004, bis der neue – und bis Anfang 2008 gültige – primäre Aufwärtstrend bestätigt wurde, indem der DAX das Zwischenhoch von Anfang 2004 überwinden konnte. Für einen prozyklischen Einstieg war es dennoch früh genug, der Index hat sich im weiteren Verlauf noch verdoppelt.

Abb. 2.20 - Trend, Unterstützung und Widerstand (DAX)

Natürlich wird jeder nun sagen, es wäre besser gewesen, irgendwo im Bereich von 2.500 Punkten einzusteigen und nicht bei 4.000 Punkten. Sicher, der Abstand zum Tief ist in diesem Fall riesig, aber das Beispiel zeigt, dass es nicht notwendig ist, am Tiefpunkt einzusteigen, was Ihnen im seltensten Fall gelingen wird. Entscheidend ist nur, die charttechnischen Elemente methodisch sicher zu kombinieren und anzuwenden und vor allem Geduld zu zeigen, um erfolgreich zu handeln.

Exkurs: Candlestick-Formationen

Die Candlestick-Charttechnik wurde bereits im 16. Jahrhundert in Japan erfunden, um Preise von Reiskontrakten an der Börse in Osaka zu analysieren. Candlesticks haben gegenüber den ähnlich strukturierten Barcharts einen entscheidenden Vorteil: Sie zeigen das Angebots- und Nachfrageverhalten bei einem Basiswert auf visuelle Weise und eignen sich daher am besten für die charttechnische Analyse – trotz des vielleicht gewöhnungsbedürftigen Äußeren. Sie können auch in sämtlichen Zeitebenen benutzt werden, sowohl in Monats-, Wochen- und Tagescharts als auch zum Beispiel in Stundencharts.

Noch einmal zur Erinnerung: Kerzencharts stellen die Spanne zwischen Eröffnungs- und Schlusskurs als kleines Rechteck (Körper) dar. Darüber hinausragende Schwankungen werden als Docht oder oberer

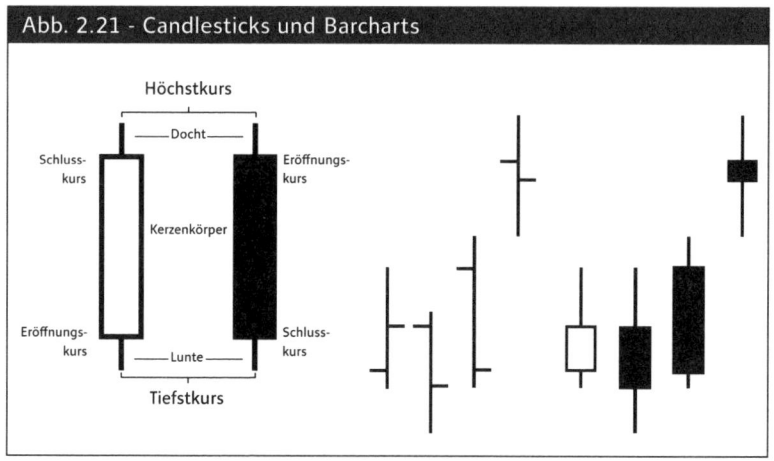

Abb. 2.21 - Candlesticks und Barcharts

Schatten, darunter herausragende als Lunte oder unterer Schatten dargestellt. Die Ähnlichkeit mit einer Kerze gibt dieser Darstellungsform den Namen. Sie können Candlesticks also nur auf Basiswerte anwenden, die einen Eröffnungs-, Hoch-, Tief- und Schlusskurs haben.

Abbildung 2.21 zeigt die Logik hinter Candlestick-Charts und den Unterschied zu Barcharts. Die Differenz zwischen Eröffnungs- und Schlusskurs definiert den Kerzenkörper und dessen Farbe. Bei einem negativen Verlauf mit einem Schlusskurs unter dem Eröffnungskurs ist der Körper schwarz. Liegt der Schlusskurs oberhalb des Eröffnungskurses, ist der Kerzenkörper weiß. Die Farben können je nach Chart-Tool oder Kurssystem abweichen, die Logik dahinter ist jedoch immer dieselbe. Die Bewegungsrichtung der Charts können Sie relativ einfach am Farbschema erkennen. Bei der Candlestick-Analyse ist also das Verhältnis zwischen Eröffnungs- und Schlusskurs ein erster Ansatzpunkt. Weitere Hinweise für die Analyse liefern die Kursbewegungen, die über den Kerzenkörper hinausgehen, die oberen und unteren Schatten (Dochte und Lunten). Die Entfernung der Höchst- und Tiefstkurse wird durch die jeweilige Länge der Dochte und Lunten kenntlich gemacht.

Die wichtigsten Candlestick-Chartmuster und ihre Interpretation

Candlesticks können in Abhängigkeit von ihrer Form und/oder im Verhältnis zu anderen Kerzen auf unterschiedliche Weise interpretiert werden. So kann etwa bereits aus der Form einer einzelnen Kerze auf den weiteren Kursverlauf geschlossen werden. Die Kombination von bis zu fünf Kerzen gibt einen Hinweis auf die mögliche künftige Bewegungsrichtung. Die meisten der bekannten Kerzenformationen haben einen Trendwendecharakter, nur wenige haben trendbestätigende Eigenschaften.

Entscheidend bei der Analyse ist, wo die Chartmuster im Trendverlauf vorkommen. Bullishe Umkehrformationen im Aufwärtstrend machen ebenso wenig Sinn wie bearishe Umkehrformationen im Abwärtstrend. Sie müssen also vorher den bestehenden Trend kennen, bevor Sie mit der eigentlichen Analyse der Kerzenmuster beginnen können. Das ist aber grundsätzlich kein zusätzlicher Aufwand, denn die Trendbestimmung ist ohnehin einer der ersten obligatorischen Analyseschritte bei der Chartanalyse. Insgesamt gibt es etwa 70 unterschiedliche Candlestick-Formationen. Die wichtigsten und am häufigsten genutzten sollen im Folgenden kurz erläutert werden.

Hammer und Hanging Man

Der Hammer ist die wohl bekannteste Candlestick-Formation überhaupt. Er gilt als Trendwendekerze im Abwärtstrend und hat optisch eine gewisse Ähnlichkeit mit einem Hammer. Charakteristisch für einen Hammer ist ein kleiner oberer Kerzenkörper, der sowohl schwarz als auch weiß sein kann. Idealerweise besitzt er keinen oberen Schatten, maximal einen sehr kleinen, dafür aber einen langen unteren Schatten, der mindestens doppelt so lang wie der Kerzenkörper sein sollte.

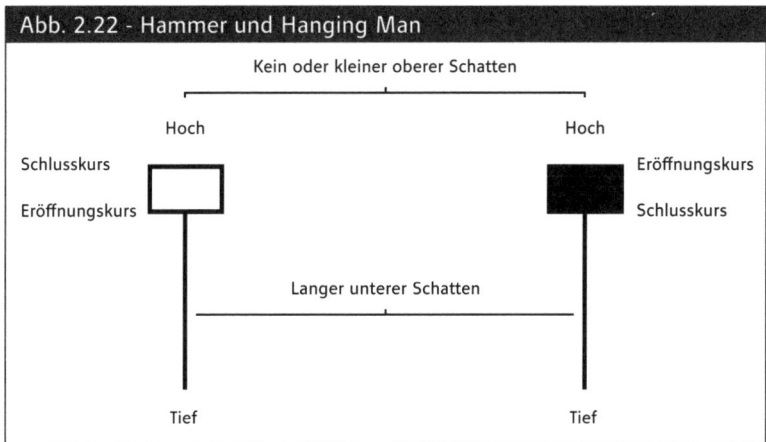

Abb. 2.22 - Hammer und Hanging Man

Je länger der untere Schatten ist, desto aussagekräftiger ist dieses Muster. Die Psychologie dahinter ist sehr einfach: Nach einer hohen Eröffnung fällt der Kurs zwar deutlich, kann sich im Handelsverlauf aber wieder kräftig erholen, um in der Nähe des Eröffnungskurses beziehungsweise im günstigsten Fall mit einer weißen Kerze über diesem zu schließen. Ein klassisches Intraday-Reversal also, das aussagt, dass der Verkaufsdruck im Abwärtstrend deutlich nachlässt und Leerverkäufer unter Umständen ihre Short-Positionen schließen.

Der Hammer im Abwärtstrend ist somit als bullishes Signal für eine mögliche untere Trendwende zu interpretieren. Wichtig dabei ist das Vorliegen eines Abwärtstrends! Bestätigt wird die Trendwendeformation, wenn die Eröffnung am nächsten Tag auf einem höheren Kursniveau erfolgt und eine weiße Kerze ausgebildet wird, der Kurs also zu klettern anfängt. Abbildung 2.23 zeigt, wie ein Hammer in der Praxis aussehen kann. Bei der Interpretation spielt die Zeitebene eine wichtige Rolle. Ein Hammer im Wochenchart ist ein nachhaltigeres Signal als ein Hammer im Tageschart. Auch die Länge des unteren Schattens ist wichtig: Je länger, desto signifikanter ist das Chartmuster.

Abb. 2.23 - Hammer und Hanging Man (Aixtron)

Das Gegenstück zum Hammer ist der Hanging Man. Voraussetzung ist ein vorausgehender Aufwärtstrend. Tritt dann ein Hanging Man auf, besteht Trendwendegefahr. Wie der Hammer ein Zeichen dafür ist, dass sich das bearishe Sentiment im Abwärtstrend umkehrt, ist der Hanging Man ein Warnsignal, dass die bullishe Stimmung zu kippen droht. Die Psychologie dahinter ist ähnlich: Der Kurs klettert zwar noch ein wenig, doch im Handelsverlauf kann das hohe Kursniveau nicht gehalten werden, die Anschlusskäufer bleiben aus, der Kurs gibt zwischenzeitlich deutlich nach und schließt mit Mühe nahe am

Eröffnungskurs beziehungsweise mit einer schwarzen Kerze sogar darunter. Die Bestätigung erfolgt wie beim Hammer mit der nächsten Kerze durch Eröffnung und Schluss unter dem Kerzenkörper des Hanging Man. Die Periode und die Länge des Schattens ist ein Indiz für die Signifikanz des Signals.

Doji

Während Hammer und Hanging Man Reversal-Charakter haben, deutet das nächste Candlestick-Muster eher auf Unentschlossenheit hin: der Doji.

Dojis treten auf, wenn sich der Markt eine Verschnaufpause gönnt und nicht genau weiß, ob er weiter steigen oder fallen soll. Die Handelsspanne beim Doji ist daher meist gering – man spricht auch von kurzen Tagen, während Kerzen mit langem Körper als lange Tage bezeichnet werden. Charakteristisch für einen Doji ist, dass Eröffnungs- und Schlusskurs dicht beieinander liegen beziehungsweise identisch sind. Das Kräfteverhältnis zwischen Bullen und Bären ist in etwa gleich. Dojis treten daher häufig an Widerstands- und Unterstützungszonen auf und haben so gesehen sowohl einen trendbestätigenden als auch einen Trendwendecharakter. Gerade in Konsolidierungsformationen sind Dojis sehr häufig anzutreffen. Sie spiegeln aufgrund ihrer kurzen Form auch die Volatilitätsentwicklung innerhalb des Konsolidierungsmusters

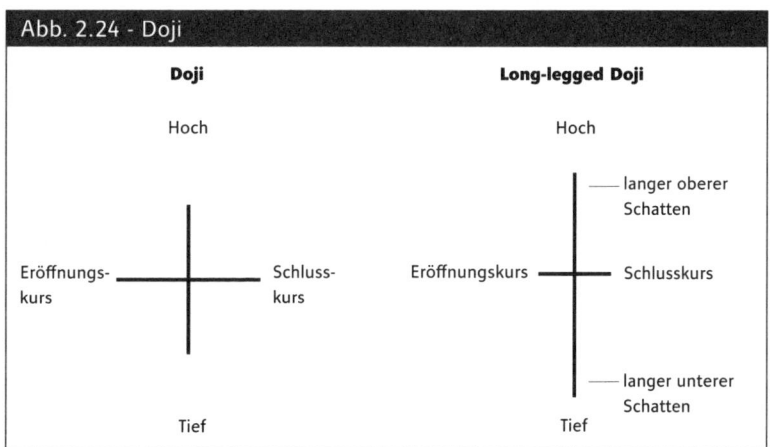

Abb. 2.24 - Doji

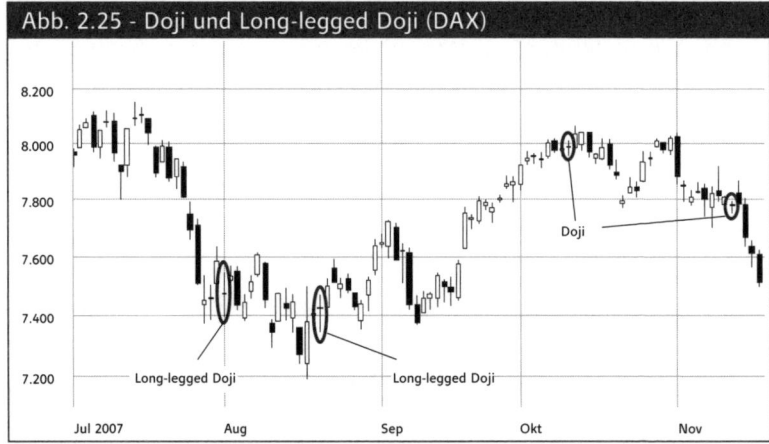

Abb. 2.25 - Doji und Long-legged Doji (DAX)

wider. Je mehr Dojis im Kursmuster auftreten, desto geringer ist die Volatilität und desto größer ist auch die Wahrscheinlichkeit, dass in Kürze eine signifikante Kursbewegung erfolgt.

Als allein stehende Kerze liefert ein Doji selten ein zuverlässiges Signal und sollte nur in Verbindung mit vorangehenden und nachfolgenden Kerzen interpretiert werden. Er kommt daher in den unterschiedlichen Formationen mit unterschiedlichen Bedeutungen vor. Auf Beispiele wie den Evening Star, den Morning Star, das Harami-Muster oder das Engulfing Pattern werden wir später noch stoßen.

Eine Besonderheit stellen der Dragonfly [Libelle] Doji und der Gravestone [Grabstein] Doji dar. Beide gelten als Reversal-Kerzen – der Dragonfly Doji im Abwärtstrend und der Gravestone Doji im Aufwärtstrend. Typisch auch bei diesen beiden ist, dass Eröffnungs- und Schlusskurs nahezu identisch sind, sie aber einen langen unteren (Dragonfly Doji) oder einen langen oberen Schatten (Gravestone Doji) besitzen.

Der Gravestone Doji gilt dabei als obere Trendwendekerze und zeigt einen massiven Widerstand der Verkäufer im Hinblick auf die Fortsetzung des Aufwärtstrends. In Verbindung zum Beispiel mit einem Aufwärtstrendbruch ist der Gravestone Doji ein zuverlässiger Signalgeber. Dasselbe gilt für den Dragonfly Doji im Abwärtstrend. Hier gelten im Grunde dieselben Überlegungen wie beim Hammer.

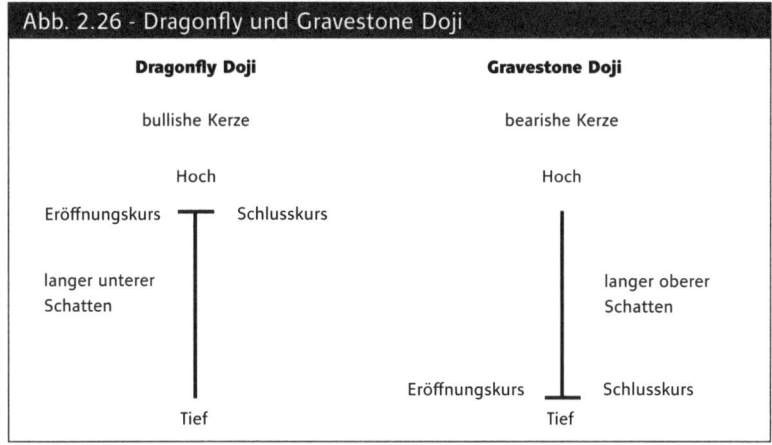

Abb. 2.26 - Dragonfly und Gravestone Doji

Dragonfly Doji

bullishe Kerze

Hoch

Eröffnungskurs — Schlusskurs

langer unterer
Schatten

Tief

Gravestone Doji

bearishe Kerze

Hoch

langer oberer
Schatten

Eröffnungskurs — Schlusskurs

Tief

Bullish und Bearish Belt Hold

Ein Belt Hold besteht aus einer weißen oder schwarzen Kerze. Von einem Bullish Belt Hold ist die Rede, wenn der Kurs sehr tief eröffnet, darauf eine starke Rallye startet und der Kurs sehr hoch mit einer langen weißen Kerze schließt. Beim Bearish Belt Hold ist es umgekehrt. Hier erfolgt die Eröffnung sehr hoch und der Schlusskurs ist sehr tief, die Kerze ist schwarz. Die Größe der Kerze bestimmt dabei die Aussagekraft dieses Candlestick-Musters – je größer die Kerze, desto größer ist die Wahrscheinlichkeit für eine Trendumkehr. Voraussetzung für einen

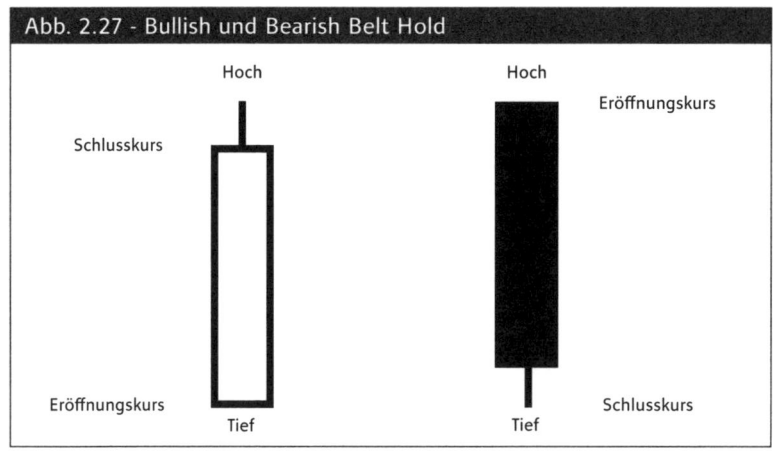

Abb. 2.27 - Bullish und Bearish Belt Hold

Hoch

Schlusskurs

Eröffnungskurs

Tief

Hoch

Eröffnungskurs

Schlusskurs

Tief

Bullish Belt Hold ist ein vorausgehender Abwärtstrend. Bei einem Bearish Belt Hold muss dementsprechend ein Aufwärtstrend vorausgehen.

Belt Holds treten oft in Verbindung mit Eröffnungslücken auf, etwa in Verbindung mit Nachrichten über eine Aktie, auf die der Markt gewartet hat. Zwar reagiert der Kurs bei einer positiven Meldung mit einem Kurssprung, danach setzen jedoch Gewinnmitnahmen ein. Die vorhergehende Aufwärtsbewegung, die in Erwartung der positiven Meldung stattfand, findet mit einem solchen bearishen Belt Hold ein (vorläufiges) Ende.

Belt Holds besitzen für sich genommen zwar einen starken Signalcharakter, sind jedoch auch mit Vorsicht zu genießen. Insbesondere wenn Sie antizyklisch aufgrund eines Bullish Belt Hold am vermeintlichen Ende eines Abwärtstrends einsteigen, sollten Sie die Kursentwicklung am Folgetag genau beobachten. Liegt der folgende Eröffnungskurs unter der weißen Kerze des Bullish Belt Hold, ist davon auszugehen, dass sich der Abwärtstrend fortsetzen wird. Ähnliches gilt für den Bearish Belt Hold. Ein Eröffnungskurs über der schwarzen Kerze des Bearish Belt Hold deutet an, dass sich der Aufwärtstrend fortsetzen könnte.

Bullish und Bearish Engulfing Pattern

Ein Engulfing Pattern setzt sich aus mindestens zwei Kerzen zusammen. Die Bedeutung dieses Musters erschließt sich aus der Bedeutung des Namens: „to engulf" besagt auf Deutsch „etwas einhüllen" oder „verschlingen". Ein Engulfing Pattern „verschlingt" eine oder mehrere vorausgehende Kerzen oder „hüllt diese ein".

Ein Bullish Engulfing Pattern tritt typischerweise in einem Abwärtstrend auf. Dabei wird eine lange weiße Kerze nach einer schwarzen Kerze gebildet, welche von der weißen vollständig umschlossen wird. Es können auch mehrere vorausgehende Kerzen umschlossen werden, das Signal ist dann noch signifikanter. Mindestvoraussetzung für ein Bullish Engulfing Pattern ist, dass der lange weiße Kerzenkörper den (schwarzen) Kerzenkörper der vorangegangenen Kerze vollständig umschließt, der untere Schatten des kleineren Kerzenkörpers muss nicht zwingend mit abgedeckt werden, es würde aber die Aussagekraft stärken.

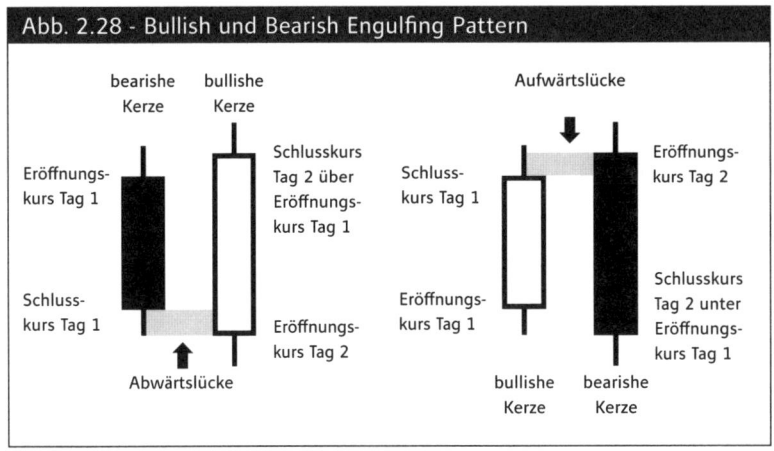

Abb. 2.28 - Bullish und Bearish Engulfing Pattern

Das Gegenstück dazu, ein Bearish Engulfing Pattern, entsteht in der Regel am Ende eines Aufwärtstrends. Die Farben sind dabei lediglich vertauscht. Nach einer weißen Kerze bildet sich im Chart eine lange schwarze Kerze, die mit ihrem Kerzenkörper den Körper der vorhergehenden (weißen) Kerze vollständig umschließt.

Engulfing Patterns zählen zu den wichtigen Umkehrformationen beim Candlestick-Charting. Ein Bullish Engulfing Pattern lässt darauf schließen, dass die Bären im Markt an Kraft verlieren und die positiv gestimmten Bullen langsam die Oberhand gewinnen. Wie beim Hammer

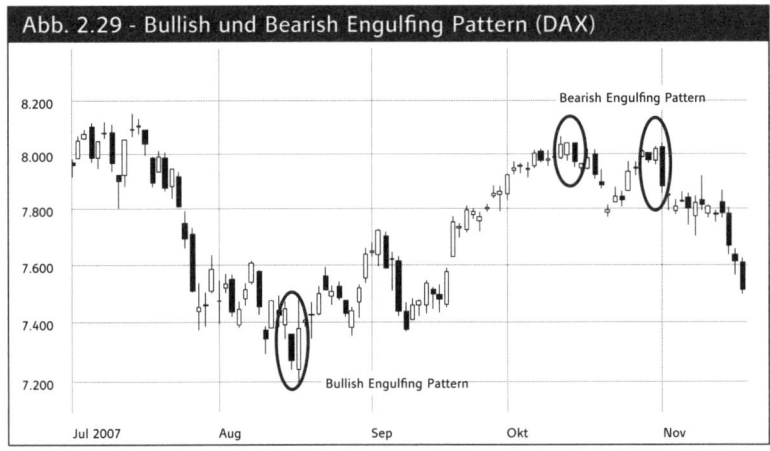

Abb. 2.29 - Bullish und Bearish Engulfing Pattern (DAX)

lässt der Verkaufsdruck im Abwärtstrend deutlich nach und die Short-Seller sind unter Umständen gezwungen, ihre Short-Positionen zu schließen. Beim Bearish Engulfing Pattern dreht sich das Kräfteverhältnis zwischen Bullen und Bären um. Die optimistischen Bullen verlieren ihre Kauflust und nehmen möglicherweise Gewinne mit. Die Bären gewinnen die Oberhand und der Verkaufsdruck verstärkt sich im Handelsverlauf.

Allgemein gilt: Je länger die Engulfing-Kerze, desto signifikanter ist das Signal. Eine Einschränkung liegt jedoch im Verhältnis zwischen Engulfing-Kerze und der vorhergehenden Kerze begründet. Je geringer der Unterschied zwischen beiden, desto mehr verliert das gesamte Muster an Signifikanz. Ein wichtiger Hinweis, der für eine Trendwende spricht, ist auch das Volumen. Wenn es in Richtung der Engulfing-Kerze ansteigt, erhöht es die Zuverlässigkeit der Formation.

Harami

Wenn man die Engulfing Patterns an einer Vertikalen spiegelt, erhält man ein weiteres Candlestick-Muster: den Harami. Eine bullishe weiße Kerze gefolgt von einer kleineren Kerze (idealerweise schwarz) in einem Aufwärtstrend bilden einen sogenannten Bearish Harami. Charakteristisch dabei: Die Eröffnung bei der zweiten Kerze erfolgt mit einem Gap unter dem Vortagesschluss, dessen Niveau im Handelsverlauf nicht wieder erreicht wird.

Beim Bullish Harami ist ein Abwärtstrend Voraussetzung. Das Muster besteht aus einer bearishen schwarzen Kerze und einer kleineren (idealerweise weißen) Kerze. Der wichtige Punkt hier ist ebenfalls das Eröffnungs-Gap über dem Vortagesschluss, wobei der Vortagesschluss im Handelsverlauf nicht wieder erreicht wird.

Der Verlauf in beiden Fällen ist ein Zeichen für Unsicherheit im Markt. In Verbindung etwa mit einem Trendbruch und einer entsprechenden Volumenentwicklung können Sie Harami-Muster im Trading gewinnbringend einsetzen. Achten Sie hier genauso wie beim Engulfing Pattern auf das Größenverhältnis der beiden Kerzen. Die Signalwirkung ist umso stärker, je kleiner der kleine Kerzenkörper ausfällt. Tritt die zweite Kerze in Doji-Form auf, spricht man von einem Harami Cross.

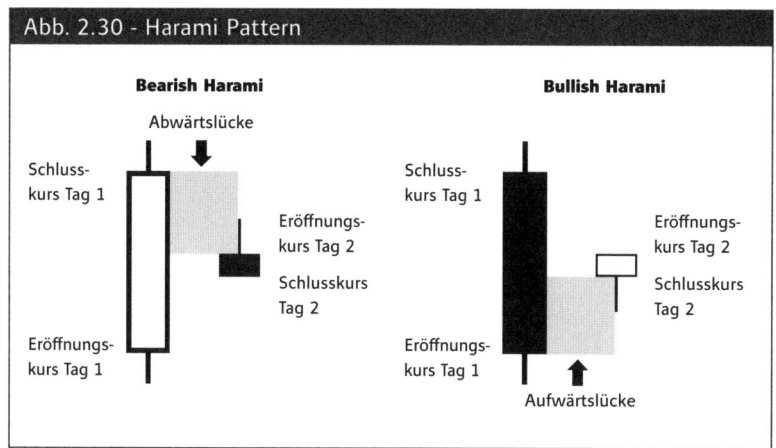

Abb. 2.30 - Harami Pattern

Der Harami Cross besitzt durch die Verbindung mit dem Doji, der eine große Unentschlossenheit ausdrückt, eine noch bessere Aussagekraft und erhöht die Wahrscheinlichkeit eines Trendwechsels.

Piercing Pattern und Dark Cloud Cover

Eine Abwandlung des Bullish Engulfing Pattern ist das Piercing Pattern. Die übliche Voraussetzung ist auch hier ein bestehender Abwärtstrend. Das Piercing Pattern besteht ebenfalls aus zwei Kerzen. Der Unterschied zum Bullish Engulfing Pattern ist, dass die zweite weiße

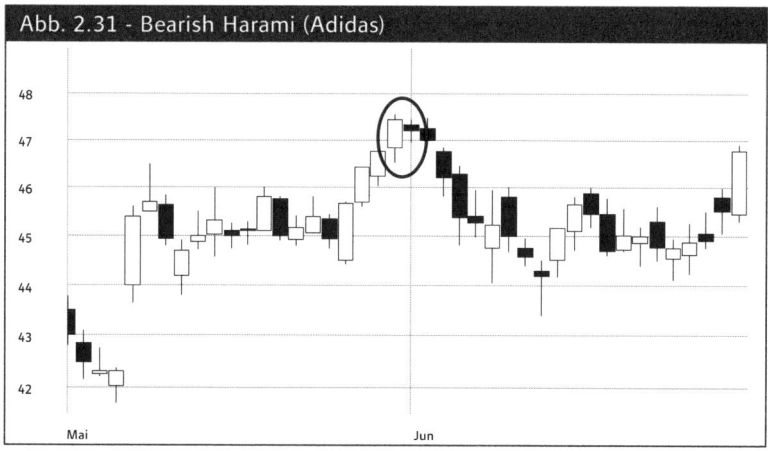

Abb. 2.31 - Bearish Harami (Adidas)

Kerze die vorhergehende schwarze Kerze nicht vollständig umschließen muss. Beim Piercing Pattern reicht eine 50-prozentige Korrektur der Vortagesverluste aus, um Gültigkeit als Trendwendesignal zu haben. Die zweite Kerze des Piercing Pattern muss also den Kerzenkörper vom Vortag mindestens zur Hälfte abdecken. Je mehr dies der Fall ist, desto stärker ist das Umkehrsignal. Von der Marktpsychologie her ist das Piercing Pattern eine spannende Angelegenheit. Nach einem Eröffnungs-Gap unter dem Vortagesschluss kämpfen sich die Bullen nach vorne und holen sogar einen Großteil der Kursverluste vom Vortag wieder auf. Mit anderen Worten: Die Bullen können den Verkaufsdruck vollständig absorbieren und sogar Kaufdruck aufbauen. Solche Muster können Sie sehr häufig in der Nähe von Unterstützungszonen finden.

Das Pendant zum Piercing Pattern ist das Dark Cloud Cover. Es bildet sich, wenn die zweite Kerze mit einem Eröffnungs-Gap nach oben beginnt, dann aber die Kurse fallen und mindestens 50 Prozent der Vortagesgewinne wieder zunichtemachen. Da Anschlusskäufer fehlen, kann sich das Blatt zugunsten der Bären wenden, was den Aufwärtstrend zumindest infrage stellt. Sowohl beim Dark Cloud Cover als auch beim Piercing Pattern sollte eine Bestätigung etwa in Form eines Trendbruchs abgewartet werden, bevor die Signale tatsächlich gehandelt werden. Das verschlechtert zwar Ihren Einstandskurs, erhöht

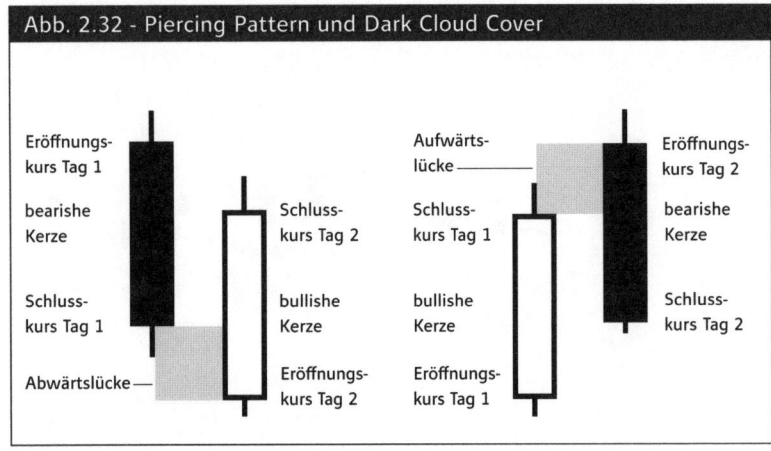

Abb. 2.32 - Piercing Pattern und Dark Cloud Cover

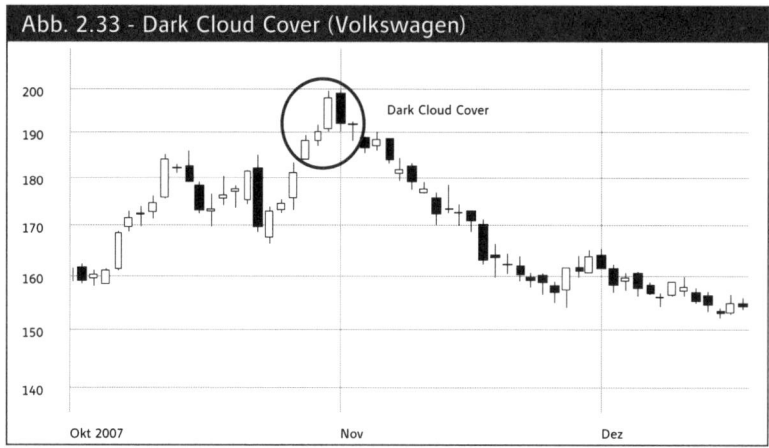

Abb. 2.33 - Dark Cloud Cover (Volkswagen)

Dark Cloud Cover

Okt 2007   Nov   Dez

dafür jedoch die Zuverlässigkeit des Signals und mindert die Gefahr, doch auf dem falschen Fuß erwischt zu werden.

Morning Star und Evening Star

Die mit Sicherheit bekanntesten Muster mit drei Kerzen sind der Morning und der Evening Star. Ein Morning Star besteht aus einer bearishen schwarzen Kerze, einer kleinen Kerze und einer bullishen weißen Kerze und tritt gewöhnlich am Ende eines Abwärtstrends auf. Der erste Teil des Morning Star hat einen stark negativen Charakter, die Bären haben ganz klar die Mehrheit. Die zweite Kerze beginnt mit einem Abwärts-Gap zum Vortagesschlusskurs, allerdings gelingt es den Verkäufern nicht, die Kurse weiter zu drücken. Die zweite Kerze muss nicht unbedingt bullish sein, was die Aussagekraft erhöhen würde, sie kann auch noch bearisher Natur sein. Manchmal wird die Mittelkerze von einem Doji gebildet – in einem solchen Fall spricht man von einem Morning Doji Star. Von entscheidender Bedeutung ist die dritte Kerze. Sie beginnt mit einem Aufwärts-Gap gegenüber dem Vortagesschluss und signalisiert sofort, dass die Bullen in der Mehrzahl sind. Achten Sie dabei darauf, dass die dritte weiße Kerze mindestens die Hälfte des ersten schwarzen Kerzenkörpers bedecken sollte.

Der Evening Star ist ein Umkehrmuster im Aufwärtstrend – das exakte Gegenstück zum Morning Star. Die erste Kerze dieses Reversal

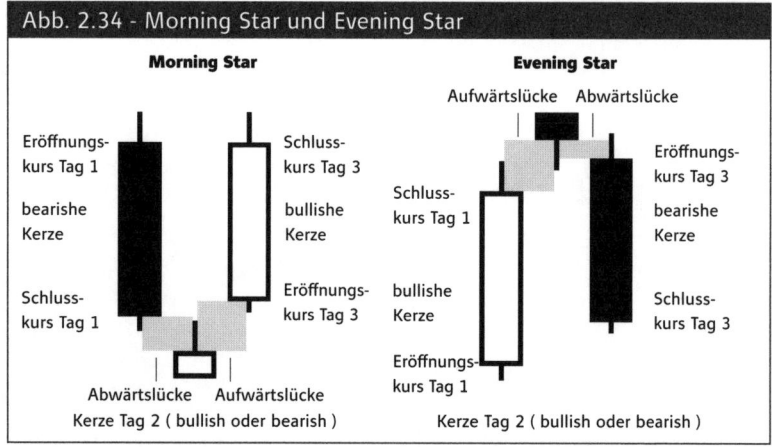

Abb. 2.34 - Morning Star und Evening Star

Morning Star

Evening Star

Aufwärtslücke   Abwärtslücke

Eröffnungs-
kurs Tag 1

bearishe
Kerze

Schluss-
kurs Tag 1

Schluss-
kurs Tag 3

bullishe
Kerze

Eröffnungs-
kurs Tag 3

Abwärtslücke   Aufwärtslücke
Kerze Tag 2 (bullish oder bearish)

Schluss-
kurs Tag 1

bullishe
Kerze

Eröffnungs-
kurs Tag 1

Eröffnungs-
kurs Tag 3

bearishe
Kerze

Schluss-
kurs Tag 3

Kerze Tag 2 (bullish oder bearish)

Pattern ist eine lange, bullishe, weiße Kerze, die deutlich macht, dass ganz klar die Bullen am Drücker sind. Die mit einem Opening Gap höher liegende zweite Kerze zeigt durch die Kurslücke in Trendrichtung zwar eine weiterhin bullishe Tendenz. Diese kann sich jedoch nicht weiter durchsetzen, was Unsicherheit am Markt widerspiegelt. Auch hier kann ein Doji als zweite Kerze auftreten, um einen sogenannten Evening Doji Star zu bilden. Wie beim Morning Star ist auch hier die dritte Kerze wichtig. Sie muss einen langen schwarzen Körper haben, der den ersten, weißen Körper mindestens zur Hälfte überdeckt,

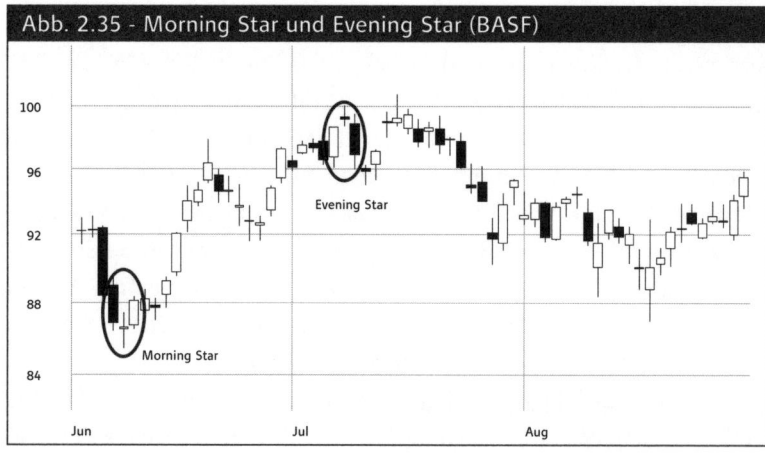

Abb. 2.35 - Morning Star und Evening Star (BASF)

Evening Star

Morning Star

als Zeichen, dass sich die Pessimisten wieder stärker durchsetzen. Beide Formationen sind zuverlässige und profitable Umkehrformationen und daher bei Tradern sehr beliebt.

Wertvoller Ratgeber

Wie Sie beim Lesen dieses Kapitels sicher feststellen konnten, eignen sich Candlesticks und vor allem die Candlestick-Muster hervorragend, um sie mit anderen Analysetechniken zu kombinieren. Durch deren Einsatz werden Sie die Prognosequalität ihrer Analysen deutlich erhöhen. Daher durften zumindest die wichtigsten Candlestick-Muster auch im Rahmen dieses Crashkurses nicht fehlen. Candlesticks sind gerade für Timing-Zwecke sehr wertvolle Ratgeber, sodass es sich lohnt, die Kerzentechnik näher zu studieren.

KAPITEL 3

CHART-
FORMATIONEN
UND IHRE
INTERPRETATION

I n den zurückliegenden Kapiteln haben Sie des Öfteren den Begriff „charttechnische Formation" gelesen. Die charttechnischen Formationen sind ein sehr umfangreiches Feld der Technischen Analyse. Die wichtigsten und häufigsten Formationen werden in den nächsten Abschnitten ausführlich erläutert.

Dazu sollten Sie sich zunächst die Basisüberlegungen aus dem Grundlagenteil in Erinnerung rufen: Ein Trend ist so lange gültig, bis er bricht. Ungeachtet dessen wird jeder Trend – ob nach oben oder unten gerichtet – immer wieder durch Konsolidierungsphasen unterbrochen. Wenn Sie historische Charts genau analysieren, werden Sie feststellen, dass diese Konsolidierungen nach ähnlichen Mustern ablaufen. Die wichtige Frage dabei ist, ob die Konsolidierungsformation den bestehenden Trend bestätigt oder ob sie auf eine Trendumkehr hindeutet. Aus diesem Grund wird in der Charttechnik zwischen Trendfortsetzungs- (oder Trendbestätigungs-) und Trendwendeformationen (oder Umkehrformationen) unterschieden.

Wenn Sie später das Charttechnik-Wissen aus diesem oder auch einem anderen Buch in der Praxis anwenden, werden Sie Schwierigkeiten haben, zu Beginn einer Konsolidierung festzustellen, um welche Formation es sich handelt. Das liegt jedoch nicht an fehlender Erfahrung oder mangelnder Methodik, sondern allein daran, dass eine Vorhersage, welche Formation sich im weiteren Verlauf ausbilden wird, nahezu unmöglich ist. Gerade zu Beginn der Korrekturbewegung liefert die Chartanalyse die wenigsten Informationen über den wahrscheinlichen weiteren Kursverlauf.

Mit zunehmender Dauer steigt jedoch der Informationsgehalt der laufenden Formation, bis sie schließlich, mit entsprechenden Trend-, Unterstützungs- und Widerstandslinien versehen, ein fertiges Bild abgibt, das eine Charakterisierung und Einschätzung der Konsolidierungsbewegung ermöglicht. Mit dieser Phase der „Orientierungslosigkeit" mag der Einsteiger zunächst Probleme haben. Solange die Konsolidierung läuft, entsteht jedoch ohnehin kein Handlungsbedarf. Der entsteht erst, wenn die Formation beendet ist. Und das ist ausschließlich mit dem Ausbruch der Fall. Es ist hier also eine Menge Disziplin und Geduld gefragt.

Viele Anleger versuchen den Ausbruch zu antizipieren. In den meisten Fällen dürfte das Geld kosten, zumindest ist in jedem Fall das Chance-Risiko-Verhältnis nicht besonders attraktiv. Denn grundsätzlich bestehen zwei Ausbruchsmöglichkeiten – in oder gegen die Trendrichtung. Um nicht auf dem falschen Fuß erwischt zu werden, sollten Sie daher den Ausbruch als Handelssignal abwarten.

 MERKE:

Es besteht kein Handlungsbedarf, bis die Formation abgeschlossen ist. Sie ist erst abgeschlossen, wenn der Ausbruch erfolgt ist. Der Ausbruch ist gleichzeitig das Handelssignal.

Trendwendeformationen

Das Ziel eines jeden Anlegers ist es, möglichst tief (günstig) zu kaufen und möglichst hoch (teuer) wieder zu verkaufen. In der Praxis wird es mit großer Wahrscheinlichkeit nie der Fall sein, dass Sie im Hoch verkaufen. Es ist jedoch möglich, annäherungsweise am Hoch zu verkaufen, indem Sie frühzeitig das Ende einer Trendphase erkennen. Das

Gleiche gilt beim Einstieg in der Nähe des Tiefs. Dazu müssen Sie „nur" die Warnsignale, welche die Charttechnik liefert, erkennen.

WICHTIGE WARNSIGNALE FÜR DAS BEVORSTEHENDE ENDE EINES TRENDS SIND:

► Abweichung vom Prinzip „volume goes with the trend"
► Die Trendkanallinie wird nicht mehr erreicht.
► Ein vorhergehendes Hoch wird nicht mehr erreicht.
► Trendumkehrformationen deuten sich an.
► Divergenzen bei Technischen Indikatoren entstehen (siehe Kapitel 4).

Die ersten drei Punkte wurden bereits im Grundlagenteil ausführlich besprochen. Der folgende Abschnitt erklärt die Charakteristik der wichtigsten Umkehrformationen. Dazu zählen insbesondere die Schulter-Kopf-Schulter-Formation, der Doppelboden beziehungsweise das Doppeltop, der Dreifachboden und das Dreifachhoch sowie die Untertasse und die V-Umkehr.

Schulter-Kopf-Schulter

Die Schulter-Kopf-Schulter-Formation (SKS-Formation) ist die wohl wichtigste Trendwendeformation überhaupt. Sie kommt in der Praxis am häufigsten vor und lässt sich mit etwas Übung auch sehr früh in ihrem Entwicklungsstadium antizipieren. Antizipieren heißt in diesem Falle jedoch nicht, dass Sie handeln sollten, bevor die Formation endgültig bestätigt wird. Das ist ausschließlich mit dem Ausbruch der Fall.

Abbildung 3.0 zeigt eine nahezu mustergültige Variante einer SKS-Formation. Beim Blick auf den Chart werden Sie schnell erkennen, dass sie den Namen ihrem Aussehen zu verdanken hat. Charakteristisch für eine SKS-Formation ist das Hoch in der Mitte, das den Kopf symbolisiert. Die beiden tieferen Hochs links und rechts davon bilden die sogenannten Schultern. Mit etwas Fantasie ist eine Parallele zur

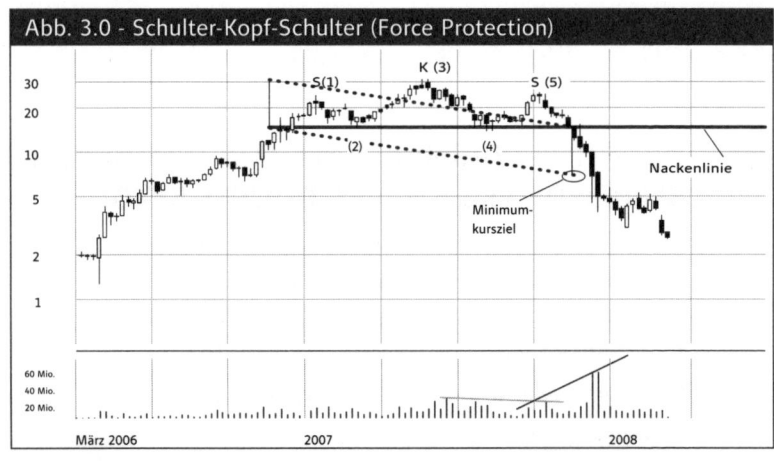

Abb. 3.0 - Schulter-Kopf-Schulter (Force Protection)

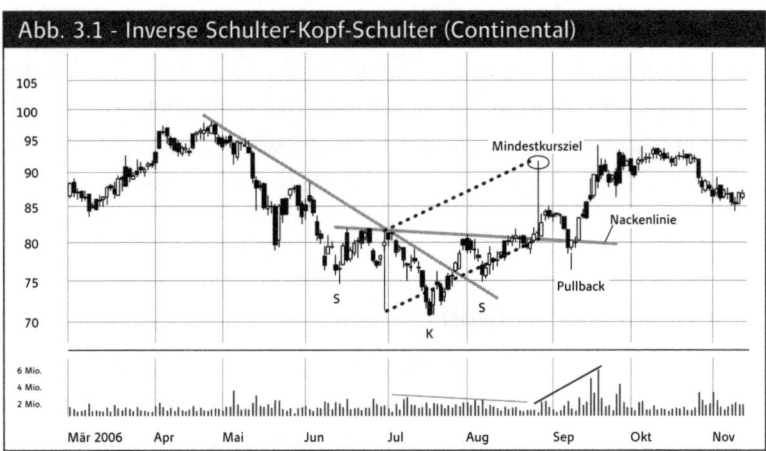

Abb. 3.1 - Inverse Schulter-Kopf-Schulter (Continental)

Anatomie des menschlichen Körpers durchaus erkennbar. SKS-Formationen wie in Abbildung 3.0 treten typischerweise am Ende eines Aufwärtstrends auf. Ihre Funktion ist jedoch nicht auf aufwärtsgerichtete Trends beschränkt. In gespiegelter Version kommen SKS-Formationen genauso oft als Umkehrbewegungen in Abwärtstrends vor. In diesem Fall spricht man von einer umgekehrten oder inversen SKS-Formation, wie sie in Abbildung 3.1 zu sehen ist.

Die folgenden Ausführungen zum klassischen Ablaufschema einer SKS-Formation beschränken sich auf ihre Eigenschaft als Umkehrformation im Aufwärtstrend. Im Falle einer inversen SKS-Formation gelten die Erläuterungen dementsprechend umgekehrt.

DER TYPISCHE ABLAUF EINER OBEREN SKS-FORMATION:

1. Es geht ein Aufwärtstrend voraus.
2. Bei steigendem Volumen bildet sich ein Hoch als linke Schulter – in Abbildung 3.0 Hoch (1).
3. Darauf folgt eine Korrekturbewegung zum Zwischentief (2).
4. Dem schließt sich eine Aufwärtsbewegung zu einem neuen Hochpunkt (3) an – der Kopf bildet sich aus. Das Volumen sollte dabei geringer sein als beim Anstieg zum Zwischenhoch (1).
5. Eine Korrektur folgt, wobei Hoch (1) unterschritten wird und der Kurs sich dem Zwischentief (2) annähert und ein weiteres Tief (4) bildet.
6. Eine Rallye zum Zwischenhoch (5) bei deutlich geringerem Volumen markiert die rechte Schulter, die das Kursniveau des Kopfes nicht mehr erreicht.
7. Eine Linie durch die Tiefpunkte (2) und (4) bildet die sogenannte Nackenlinie, die als Signallinie dient. Sie muss nicht zwingend horizontal verlaufen, sondern kann auch geneigt sein, wenn die Tiefpunkte (2) und (4) nicht auf einem Niveau liegen.
8. Ein Verkaufssignal entsteht dann, wenn die Nackenlinie nach unten durchbrochen wird – idealerweise auf Schlusskursbasis. Die SKS-Formation ist mit dem Bruch bestätigt und die Trendwende eingeleitet.
9. Wie bei fast jedem Break kommt es häufig zu einer Gegenbewegung in Richtung des Ausbruchspunkts. Man spricht dann von einem sogenannten Pullback. Die Trendwende nimmt jedoch ungeachtet dessen ihren Lauf.

Wie bei allen charttechnischen Formationen kommt dem Volumen bei der SKS-Formation eine wichtige Rolle zu. Eine Abweichung vom Grundsatz „volume goes with the trend" untermauert die Charakteristik des SKS-Bildes. Das Volumen beim Bilden des Kopfes sollte daher geringer sein als bei der linken Schulter. Eine entscheidende Bedeutung kommt der Volumenentwicklung bei der rechten Schulter zu. Das Volumen sollte hier deutlich schwächer sein, was darauf hindeutet, dass sich die Aufwärtsbewegung abschwächt. Wird im Anschluss die Nackenlinie gebrochen und das Ganze von zunehmenden Umsätzen begleitet, sind die Trendwende und der Beginn eines neuen Abwärtstrends so gut wie sicher.

Natürlich kann es in der Praxis Abweichungen vom dargestellten Volumenschema geben. Zwar ändern diese zunächst nichts an der Möglichkeit, dass sich eine SKS-Umkehr bildet, jedoch sollten sie zumindest als Warnung gedeutet werden. Die Gefahr von Fehlsignalen zum Beispiel nimmt dann zu. So ist es nicht ungewöhnlich, dass nach dem Bruch der Nackenlinie ein Rebreak erfolgt, sprich der ursprüngliche Aufwärtstrend trotz bestätigter Umkehrformation intakt bleibt. Das kommt zweifellos vor, entscheidend dabei ist, schnell die Konsequenzen aus Fehlsignalen zu ziehen. An der Tatsache, dass SKS-Formationen zuverlässige Signalgeber mit hohen Trefferquoten sind, ändert das aber nichts.

Zum Abschluss sei noch die wichtige Frage nach dem Kursziel nach Vollendung einer SKS-Formation beantwortet. Grundlage für die Kurszielermittlung ist der vertikale Abstand zwischen Nackenlinie und Kopf (3). Dieser Abstand wird am Ausbruchspunkt an der Nackenlinie angelegt, um das Kursziel nach unten (bei inversen Formationen nach oben) zu projizieren.

Bei den Beispielen in Abbildung 3.0 und in Abbildung 3.1 wird deutlich, dass es sich bei den ermittelten Kurszielen um Minimalziele handelt. Während Force Protection deutlich stärker gefallen ist, als durch die Kurszielprojektion anzunehmen war, hat Continental nach Bestätigung der inversen SKS-Formation „nur" das Mindestziel erreicht.

Die Beispiele zeigen, dass SKS-Formationen sehr gute Handelsergebnisse liefern. Die Suche nach solchen Chartmustern lohnt sich!

Doppeltop und Doppelboden

Im Stellenwert gleich nach der Schulter-Kopf-Schulter-Formation kommen das Doppeltop und dessen Gegenstück, der Doppelboden. Wie der Name schon vermuten lässt, ist der Unterschied zwischen Doppelhoch beziehungsweise Doppeltief und Schulter-Kopf-Schulter der, dass die Formationen nur zwei anstatt drei markante Spitzen besitzen. Die Besonderheit dabei ist, dass die beiden Extrempunkte nahezu auf dem gleichen Kursniveau liegen.

Das Doppeltop ist dabei als obere Umkehrformation zu verstehen, während das Doppeltief das Ende eines Abwärtstrends markiert. Für beide wird aufgrund der Ähnlichkeit zum jeweiligen Buchstaben auch die Bezeichnung M-Formation (Doppeltop) beziehungsweise W-Formation (Doppelboden) benutzt.

Im Gegensatz zur SKS-Formation lassen sich sowohl M- als auch W-Formation jedoch nicht mit zufriedenstellender Zuverlässigkeit antizipieren. Problematisch bei beiden ist, dass diese Chartbilder erst recht spät endgültig als Umkehrformation zu erkennen sind. Bis zur Bestätigung durch den Ausbruch ist nicht festzustellen, ob es sich anstelle der Umkehrformation nicht doch um ein trendbestätigendes Rechteck (siehe Abschnitt „Rechteck") handelt. Insofern sind beide eher undankbare Vertreter für den Charttechniker. Wie bei allen Formationen können und müssen Sie die Trefferquote unter Zuhilfenahme

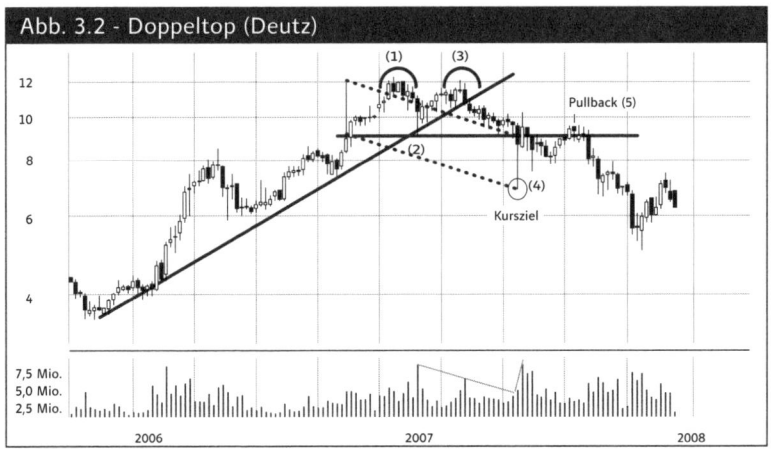

Abb. 3.2 - Doppeltop (Deutz)

weiterer charttechnischer Hilfsmittel wie Trendlinien, Volumen oder Indikatoren deutlich verbessern.

 DER TYPISCHE ABLAUF EINES DOPPELTOPS:

1. Es muss zwingend ein Aufwärtstrend wie in Abbildung 3.2 vorausgehen.
2. Es bildet sich das linke Zwischenhoch (1), wobei das Volumen steigt.
3. Danach folgt eine Korrekturbewegung zum Zwischentief (2).
4. Mit einem weiteren Kursanstieg zum Hochpunkt (3) bildet sich das zweite Top, wobei die Widerstandsmarke durch Hochpunkt (1) nicht mehr signifikant überschritten wird. Das Volumen sollte dabei geringer ausfallen als beim Kursanstieg zu Hoch (1).
5. Mit dem Unterschreiten der horizontalen Unterstützung durch Korrekturtief (2) wird die M-Formation bestätigt – ein prozyklisches Verkaufssignal entsteht. Das Volumen steigt beim Rücksetzer auf Tiefpunkt (4) wieder deutlich an.
6. Häufig, aber nicht immer und nicht zwingend, erfolgt ein Pullback an die Ausbruchsmarke, im Chartbeispiel Punkt (5).

Wie bei allen Formationen üblich, spielt die Entwicklung des Volumens bei Doppelhoch und Doppeltief eine wichtige Rolle. Wie eingangs schon angeführt, ist es fast unmöglich, eine W- oder M-Formation bereits vor der Bestätigung zuverlässig zu erkennen. Einen wirklich nützlichen Hinweis liefert in diesem Zusammenhang das Volumen bei der Korrekturbewegung, nachdem Hoch (2) erreicht wurde. Verläuft diese umsatzschwach oder sogar mit rückläufigem Volumen, deutet dies auf mangelnden Verkaufsdruck hin. Dann würden einige Aspekte dafür sprechen, dass Sie es anstelle eines Doppelhochs mit einem trendbestätigenden Rechteck zu tun haben. Ziehen die Umsätze aber an, steigt natürlich die Gefahr, dass die Unterstützung bei Korrekturtief (2) gebrochen wird, und die Wahrscheinlichkeit eines Doppelhochs steigt.

Die Kurszielermittlung bei Doppelhoch und Doppeltief verläuft im Prinzip wie bei der SKS-Formation. Entscheidend ist die Höhe der Formation, in Abbildung 3.2 also der Abstand zwischen Tief (2) und den Hochs (1) und (3). Projizieren Sie diesen Abstand unterhalb der Ausbruchsmarke, erhalten Sie das formationstechnische Minimumkursziel.

Abbildung 3.3 zeigt noch einmal die Kurszielermittlung anhand eines Doppeltiefs bei Metro. Hier werden einige weitere Aspekte sichtbar, auf die Sie unbedingt achten sollten: Doppelhochs und -tiefs kommen sehr häufig vor, beispielsweise in Sekundärtrends bei Konsolidierungen des Primärtrends (siehe Kapitel 2). Echte Trendwenden im Primärtrend werden dadurch jedoch nicht immer angezeigt.

Der feine Unterschied liegt in den Proportionen der Formation. Von großer Bedeutung sind hier die Höhe und die zeitliche Ausdehnung der Formation. Je höher und breiter sie ist, desto größer ist auch das Umkehrpotenzial. „Echte" Doppeltops und Doppeltiefs, die eine nachhaltige Trendwende im Primärtrend einläuten, müssen über mehrere Wochen oder sogar Monate „reifen". Das heißt natürlich nicht, dass Sie „kleine" M- und W-Formationen nicht handeln können oder sollten. Sie müssen nur den zeitlichen Anlagehorizont entsprechend beachten. Je kürzer die zeitliche Ausdehnung der Formation, desto geringer ist das Umkehrpotenzial, sodass kleine Ms und Ws bestenfalls für Kurzfrist-Trader von Interesse sind.

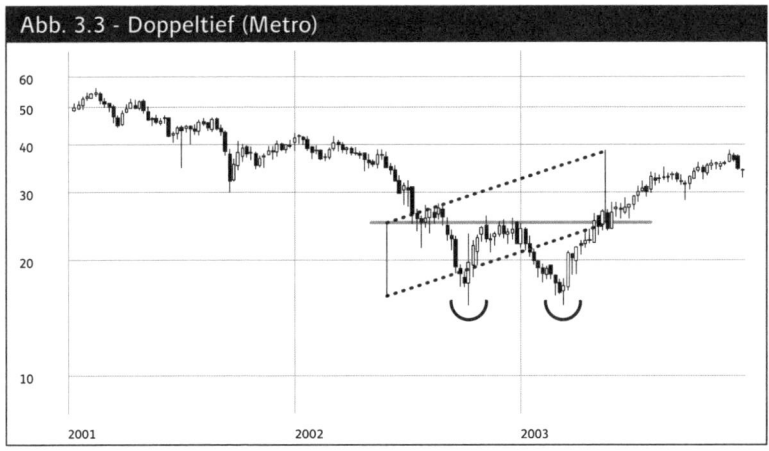

Abb. 3.3 - Doppeltief (Metro)

Das Doppeltief bei Metro zeigt deutlich, dass die Kurszielbestimmung mithilfe des vertikalen Abstands nur als Minimum zu sehen ist. Nach kurzen Korrekturen hat Metro den Aufwärtstrend nach Erreichen des Minimalziels sogar noch beschleunigt.

Dreifachhoch und Dreifachtief

Eine Mischung aus den beiden zuvor erläuterten Umkehrformationen ist das Dreifachhoch beziehungsweise der Dreifachboden. Wie die SKS-Formation bestehen diese Umkehrmuster aus – dem Namen entsprechend – drei Spitzen im Falle einer oberen Trendumkehr beziehungsweise drei Tiefs bei einer unteren Trendumkehr. Der Unterschied zur SKS-Umkehr liegt allerdings darin, dass die Extrempunkte wie bei der M- und W-Formation in etwa auf dem gleichen Kursniveau liegen. Die Grenzen zwischen einer Schulter-Kopf-Schulter-Formation und einem Triple Top beziehungsweise Triple Low sind fließend, in vielen Büchern wird diese Formation daher als Variante der SKS-Formation behandelt. Dementsprechend ähnlich ist auch der typische Ablauf.

Ein Dreifachhoch besteht aus drei Spitzen und zwei Tiefs. Eine Linie durch die drei Spitzen markiert eine Widerstandszone, während eine Linie durch die beiden Tiefpunkte des Musters eine Unterstützung kennzeichnet. Diese Unterstützung hat als Signallinie dieselbe

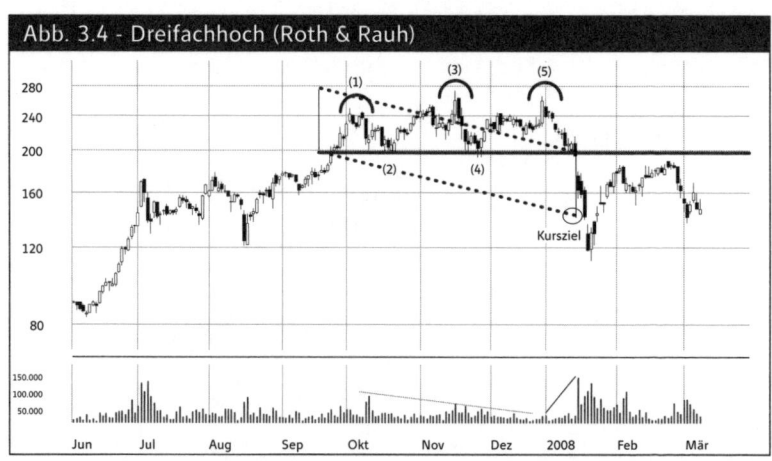

Abb. 3.4 - Dreifachhoch (Roth & Rauh)

Funktion wie die Nackenlinie bei der SKS-Formation. Ein Bruch dieser Unterstützung schließt das Dreifachtop als obere Trendwendeformation ab und liefert entsprechend das Verkaufssignal. Das Handelsvolumen bei der Dreifachspitze sollte mit jedem Gipfel sukzessive abnehmen und mit dem Bruch der Unterstützung (Nackenlinie) signifikant ansteigen.

Abbildung 3.4 zeigt einen fast idealtypischen Verlauf einer Dreifachspitze bei Roth & Rau. Zwischen 255 und 260 Euro hat sich eine Widerstandszone aufgebaut, die der Kurs nicht signifikant nach oben durchbrechen konnte. Gleichzeitig etablierte sich eine Unterstützung bei rund 195 Euro, die schließlich mit einem Breakaway-Gap (siehe Abschnitt „Kurslücken (Gaps) und ihre Bedeutung") nach unten gebrochen wurde. Die Trendwendeformation war damit perfekt.

Auch beim Ausmaß der Korrektur folgte der Chart der Minimalerwartung. Die Höhe der Formation zum Ausbruchspunkt nach unten projiziert ergibt das Mindestkursziel, das Roth & Rau fast punktgenau erreicht hat. Ein Pullback an die Ausbruchsmarke ist möglich, aber für die Gültigkeit des Trendwendesignals nicht zwingend erforderlich.

 DER TYPISCHE ABLAUF EINES DREIFACHHOCHS:

1. Es geht ein Aufwärtstrend voraus.
2. Bei steigendem Volumen bildet sich ein erstes Hoch (1).
3. Darauf folgt eine Korrekturbewegung zu Zwischentief (2).
4. Dem schließt sich eine Aufwärtsbewegung zu einem zweiten Hochpunkt (3) an – das Volumen sollte dabei geringer sein als beim Anstieg zu Zwischenhoch (1).
5. Darauf folgt wiederum eine Korrekturbewegung zum zweiten Zwischentief (4).
6. Ein erneuter Anstieg zu Zwischenhoch (5) bei deutlich geringerem Volumen markiert das dritte Hoch.
7. Eine Linie durch die Tiefpunkte (2) und (4) bildet die Nackenlinie, die als Signallinie dient. Sie kann auch moderat geneigt sein.

8. Ein Verkaufssignal entsteht dann, wenn die Nackenlinie nach unten durchbrochen wird – idealerweise auf Schlusskursbasis.
9. Wie bei fast jedem Break kommt es häufig, aber nicht zwingend, zu einer Gegenbewegung in Richtung des Ausbruchspunkts.

Ein Dreifachboden ist vergleichbar mit einer inversen SKS-Formation mit dem Unterschied, dass die drei Tiefs auf etwa demselben Niveau liegen. Auch beim Dreifachtief ist das Umsatzverhalten ein wichtiger Indikator. Das Volumen sollte von Tal zu Tal kontinuierlich abnehmen. Besonders wichtig bei dieser Formation ist ein deutlicher Umsatzanstieg beim Ausbruch über die Nackenlinie.

Abbildung 3.5 zeigt ein bestätigtes Dreifachtief bei Grammer mit drei Tälern im Bereich von 15 Euro und der Nackenlinie bei 17 Euro. Auffallend ist hier der deutliche Volumenanstieg zum Ende des Chartmusters, was bereits vorzeitig den möglichen Ausbruch nach oben angekündigt hat. Die Kurszielformel funktioniert hier analog. Die Höhe der Umkehrformation am Ausbruchspunkt nach oben projiziert ergibt das minimale Kursziel nach oben. Rückkehrbewegungen an die Nackenlinie sind auch hier nicht ungewöhnlich.

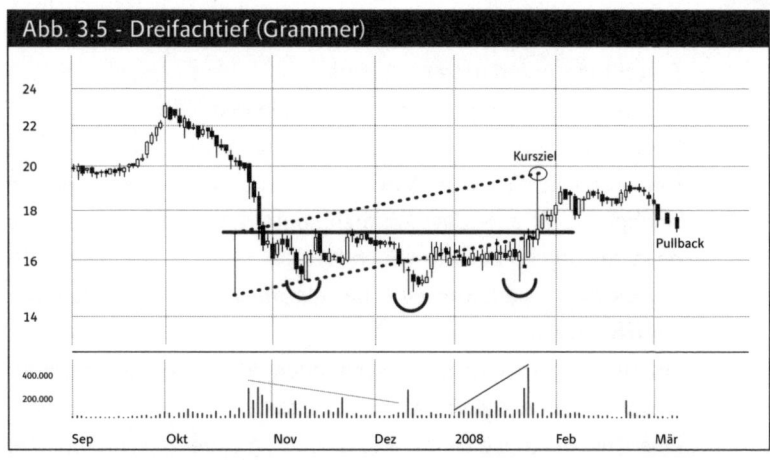

Abb. 3.5 - Dreifachtief (Grammer)

V-Formation

Neben der M- und der W-Formation gibt es ein weiteres Chartbild, das an einen Buchstaben angelehnt ist: die V-Formation. Im Gegensatz zu den zuvor besprochenen Formationen gibt es bei der V-Umkehr nur einen Extrempunkt, der das Chartbild charakterisiert. Sie besteht lediglich aus einem Hoch, wenn sie am Ende eines Aufwärtstrends auftritt, beziehungsweise einem Tief am Ende eines Abwärtstrends. Im Vergleich zur SKS-, M- oder W-Formation entwickelt sich die V-Formation nicht über einen längeren Zeitraum, sondern kommt mehr oder weniger aus heiterem Himmel. Bei einer V-Umkehr erfolgt die Trendwende schlagartig, schnell, nachhaltig und ohne Vorankündigung. Etwaige Warnsignale wie bei den anderen Umkehrformationen gibt es nicht. Aus diesem Grund ist sie für den Analysten am schwersten zu identifizieren. Bis es so weit ist, ist es für einen antizyklischen Ausstieg meistens schon zu spät. Das einzig Positive ist die Tatsache, dass V-Umkehrformationen sehr selten vorkommen.

Um zu vermeiden, dass Sie von einem V überrascht werden, hilft nur das Platzieren von Stopps. Die Stopps sollten Sie entweder aus charttechnischen Motiven heraus setzen, etwa unterhalb sinnvoller Trends oder Unterstützungen, oder Sie wählen einen individuellen prozentualen Abstand unterhalb des Kurses, zum Beispiel 10 oder 15 Prozent unter der aktuellen Notierung.

Klassischerweise kommen V-Umkehrformationen in stark überhitzten oder stark ausverkauften Märkten vor, nachdem ein langer Trend vorausgegangen ist. Obere V-Umkehren waren beispielsweise im Frühjahr 2000 nach dem Platzen der Internetblase zu beobachten. Wenn wie damals die Märkte außer Kontrolle geraten und plötzlich auch „normale" Bewertungsparameter an Bedeutung verlieren, sollten Sie sich auf mögliche V-Formationen gefasst machen. Die Hochs (oder Tiefs), die nach einer V-Formation entstehen, haben in der Regel mehrere Jahre Bestand. Kennzeichnend für mögliche V-Muster sind Reversal-Kerzen mit einem langen Docht oder einer langen Lunte. Ein Beispiel dafür lieferte der DAX 2003. Das Tief, das der deutsche Leitindex damals markiert hatte, gilt nach wie vor.

Abb. 3.6 - V-Umkehr (DAX-Wochenchart)

Untertasse

Ebenfalls nicht ganz alltäglich, wie die V-Umkehr, ist die sogenannte Untertassenformation. In einigen Büchern wird sie auch als Tassenformation bezeichnet. Am Ende eines Abwärtstrends sieht sie aus wie eine Tasse, die auf dem Tisch steht, mit einem Henkel auf der rechten Seite. Am Ende eines Aufwärtstrends steht die Tasse entsprechend auf dem Kopf – „Tasse leer" könnte man dann in Bezug auf den Aufwärtstrend sagen. In einem solchen Fall spricht man von einer umgekehrten oder inversen Tassenformation. Aufgrund ihrer runden Form benutzen Charttechniker auch häufig die Bezeichnung „Rounding Top" (rundes Hoch) beziehungsweise „Rounding Bottom" (runder Boden).

Charakteristisch für Untertassen ist ein sehr langsamer Wechsel im Trend, die Boden- beziehungsweise Topbildung beansprucht einen sehr langen Zeitraum. Das Volumen nimmt dabei in der Regel ebenfalls die Form einer Tasse an.

Abbildung 3.7 zeigt den Chart von Aixtron mit einer nahezu idealtypischen Untertassenformation. Hier können Sie die typisch runde Form und den Henkel auf der rechten Seite erkennen. Durch den Durchbruch über den Tassenrand hat der Chart die Formation bereits bestätigt. Wenn Sie die Volumenspitzen verbinden, wird auch der charakteristische tassenförmige Verlauf beim Volumen sichtbar. Ein wich-

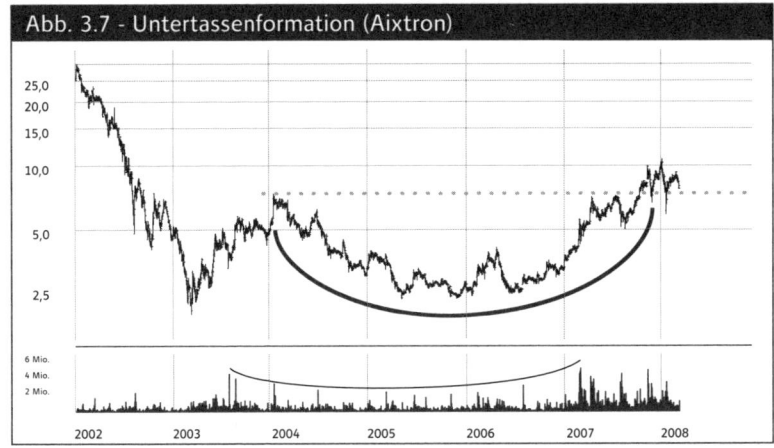

Abb. 3.7 - Untertassenformation (Aixtron)

tiger Aspekt bei dieser Formation ist auch der Zeitraum: Aixtron benötigte für diese Bodenbildung fast vier Jahre.

Zwar gibt es auch Untertassen über einen kürzeren Zeitraum. Hier gilt jedoch dasselbe wie bei anderen Formationen. Je größer die zeitliche Ausdehnung, umso größer sind die Erwartungen an die anschließende Kursbewegung.

Bei der Kurszielbestimmung greifen die meisten Analysten wie bei fast allen anderen Formationen auf die Höhe derselben zurück, die einfach zum Ausbruchspunkt addiert wird. Das rechnerische Kurspotenzial wird statistisch betrachtet jedoch nur bei rund der Hälfte der Formationen ausgeschöpft, sodass es sich mitunter anbietet, bei der Kurszielbestimmung mit Widerständen zu arbeiten.

Da Tassenformationen nicht immer schön gerade sind wie bei Aixtron, sondern etwa auch einen ansteigenden Tassenrand haben können, ist es nicht ganz einfach zu definieren, wann die Formation vollendet ist. Der Fall Aixtron zeigt, dass das Volumen dabei einen wichtigen Hinweis geben kann. Zum Ende der Untertasse haben die Umsätze in Richtung des vermeintlich neuen (Aufwärts-)Trends deutlich zugenommen. In einem solchen Fall nimmt die Wahrscheinlichkeit für die Vollendung der Formation zu.

Trendfortsetzungsformationen

Die zweite und neben den Trendwendeformationen ebenso wichtige Gruppe der Chartmuster ist die Gruppe der Trendfortsetzungsformationen. Wie im Rahmen des Trendkonzepts im Abschnitt „Basiskonzept" bereits ausführlich besprochen, gibt es in jeder Trendphase Konsolidierungen, ohne dass dabei der übergeordnete Trend infrage gestellt wird. Nicht jede Korrektur oder Konsolidierung führt gleich zu einem Trendwechsel des Primärtrends. Ganz im Gegenteil: Ein stabiler Trend benötigt Unterbrechungen, um neue Kraft zu tanken, bevor er die ursprüngliche Bewegung fortsetzt. Trendfortsetzungsformationen gehören zu jeder Trendbewegung dazu und bestätigen laufende Trendphasen. Aus diesem Grund werden sie auch als Trendbestätigungsformationen bezeichnet.

Derartige trendbestätigende Konsolidierungen korrigieren die vorausgegangenen Kursbewegungen in einem begrenzten Maß. Im Aufwärtstrend verlaufen Korrekturen abwärts, im Abwärtstrend aufwärts. Häufig tendieren die Kurse sowohl im Aufwärts- als auch im Abwärtstrend einfach nur seitwärts. Grundregel dabei ist: Je schwächer die Korrektur ausfällt, also je waagerechter, umso trendbestätigender ist die Formation und umso höher sind auch die Erwartungen an die Anschlussbewegung im Falle eines Ausbruchs aus dieser Formation. Fallen die Korrekturen jedoch stärker aus, ist dies als Warnhinweis auf eine mögliche Top-Bildung zu werten. In einem solchen Fall sollten Sie darauf achten, dass das nächste Hoch beziehungsweise Tief den Trend bestätigt. Sprich: Im Aufwärtstrend sollte das nächste Hoch zwingend über dem letzten liegen; im Abwärtstrend sollte dementsprechend das nächste Tief unter dem letzten liegen.

Vom Charakter unterscheiden sich Trendfortsetzungsformationen deutlich von Umkehrformationen. Der Zeitrahmen ist bei trendbestätigenden Formationen in der Regel wesentlich kürzer als bei Trendwendeformationen. Wir sprechen hier eher über mehrere Wochen und nicht über mehrere Monate wie bei Umkehrformationen.

Besonders wichtig ist die Volumenentwicklung bei der trendbestätigenden Konsolidierung. Hier gilt der Grundsatz „volume goes with the trend". Es sollte im Formationsverlauf also kontinuierlich „austrocknen", was sinnvoll ist, denn abnehmende Volumina deuten darauf hin, dass der Verkaufsdruck nicht besonders hoch ist und der Trend fortgesetzt werden kann, sobald wieder Käufer am Markt tätig werden. Korrekturen unter hohen Umsätzen wären dagegen als Warnsignal zu deuten.

Neben der Umsatzentwicklung ist auch die Schwankungsbreite wichtig für Ihre Einschätzung. Trendbestätigungsformationen zeigen meist eine geringere Volatilität. Das Chartbild geht also eher in die Breite als in die Höhe. Hohe Schwankungen sprechen daher eher für die Entstehung einer Umkehrformation.

MERKE:

► Konsolidierungen korrigieren den Kursverlauf seitwärts oder entgegen der Trendrichtung.

► Seitwärts gerichtete Konsolidierungen bestätigen den bestehenden Trend. Starke Korrekturen stellen die Qualität des laufenden Trends infrage.

► Je stärker das Volumen während einer Konsolidierung zurückgeht, desto mehr spricht für den laufenden Trend.

► Eine geringe Schwankungsbreite während der Konsolidierung untermauert deren trendbestätigenden Charakter.

► Hohe Volatilitäten sind Warnsignale.

► Diese Grundregeln gelten grundsätzlich für alle Trendbestätigungsformationen. Auf den folgenden Seiten werden die wichtigsten Trendbestätigungen in detaillierter Form erläutert.

Flagge

Die Trendfortsetzungsformation mit der häufigsten Verbreitung ist zweifellos die Flagge. Flaggen korrigieren den zugrunde liegenden Trend entgegen dessen Richtung. Solch eine Gegenbewegung mag irritierend sein, ist jedoch notwendig, um der bestehenden Trendphase eine gewisse Stabilität zu verleihen. Nach einem starken Kursgewinn ist es nicht ungewöhnlich, dass einige Anleger Gewinne realisieren, um möglicherweise nach der Korrektur zu vermeintlich günstigen Kursen wieder einzusteigen. Derartige Konsolidierungen können einige Tage oder Wochen andauern, wobei sich ein gegen den Haupttrend gerichteter Trendkanal bildet, der unterschiedliche Neigungswinkel ausbilden kann.

Im übergeordneten Aufwärtstrend bildet sich demnach ein kurzfristiger Abwärtstrendkanal, im Fachjargon auch Bullenflagge genannt (da im Aufwärtstrend die Bullen überhandnehmen). Entsprechend erfolgt die Korrektur im Abwärtstrend durch einen kurzfristigen Aufwärtstrend, die sogenannte Bärenflagge.

Die charakteristischen Merkmale einer Flagge ergeben sich im Wesentlichen aus dem Trendkonzept aus Kapitel 2. Eine Bullenflagge besteht demnach aus mindestens zwei Korrekturbewegungen, bei denen jedes Zwischentief unterhalb des letzten liegt und jedes Hoch unterhalb des letzten. Die Flagge gilt dann als definiert, sobald ein zweites Zwischentief unter dem ersten gebildet wird – also sobald man nach dem Trendkonzept von einem neuen Trend sprechen kann.

Dieser kurzfristige Trend fungiert dann als Handelssignal. Im Falle eines Bruchs ergibt sich analog zum Abschnitt „Ein- und Ausstiegssignale" das prozyklische Kaufsignal, sobald der Kurs die Bullenflagge nach oben durchbricht. Der Ausbruch ist unter Chance-Risiko-Aspekten der optimale Einstiegszeitpunkt und sollte auch abgewartet werden. Die Minimalerwartung an den Ausbruch ist das Erreichen eines neuen Hochs. Zur Ermittlung des Kursziels wird häufig die Höhe der Fahnenstange zum Ausbruchspunkt hinzuaddiert. Allerdings wird dieses Kursziel in der Praxis selten direkt im Anschluss an das Break erreicht, wie auch Abbildung 3.8 zeigt.

Der Chart zeigt den charakteristischen Ablauf zweier Flaggen. Bei beiden Konsolidierungsbewegungen nehmen die Umsätze typischerweise deutlich und stetig ab. Der Zeitpunkt des Ausbruchs ist dagegen wieder von ansteigenden Volumina begleitet. Letzteres sollte unbedingt beachtet werden. Je höher das Volumen beim Break, umso größer ist der trendbestätigende Charakter der Konsolidierungsformation. Ist das Ausbruchsvolumen gering, besteht die Gefahr eines Rebreaks, also einer Fortsetzung der Konsolidierung. Man bezeichnet dies dann auch als Bullen- beziehungsweise Bärenfalle.

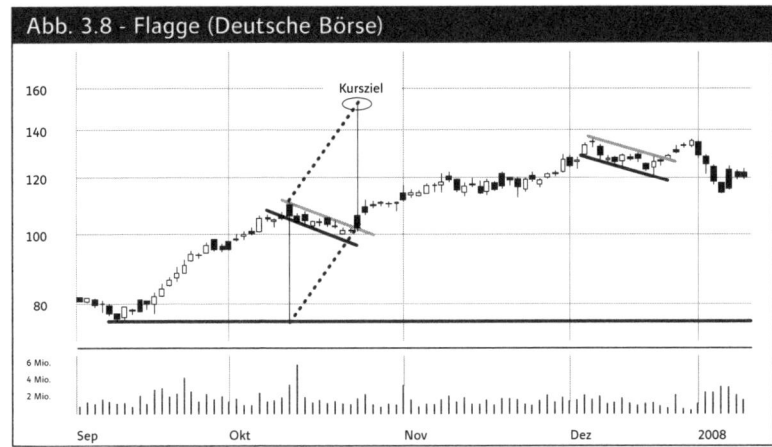

Abb. 3.8 - Flagge (Deutsche Börse)

Im Chartbeispiel wird aber auch deutlich, dass die Kurszielformel anhand der Fahnenmastlänge nur mit bescheidenem Erfolg greift. Dennoch: Anhand der Minimalerwartung auf ein neues Hoch können Sie den potenziellen Trading-Gewinn halbwegs abschätzen – die „Wahrheit" liegt irgendwo zwischen dem projizierten Kursziel und dem letzten Hoch.

Bei der Flagge sollten Sie auch den Winkel der Formation und das Ausmaß der Korrektur im Auge behalten. Die beiden Aspekte sind wichtig für die Beurteilung der Qualität des übergeordneten Trends. Steile Flaggen mit hohen prozentualen Kurseinbußen stellen den bestehenden Trend eher infrage als flach verlaufende Korrekturen mit geringen Kurseinbußen. Zwar bleibt als Minimalerwartung an die Bullenflagge ein neues Hoch, dennoch sollten Sie sensibilisiert sein – es könnte vorübergehend das letzte sein.

Kalt erwischt werden die meisten Anleger auch, wenn der Ausbruch – im Falle der Bullenflagge – nicht nach oben, sondern nach unten erfolgt. Diese Trendwendegefahr besteht grundsätzlich immer, ist glücklicherweise jedoch nicht groß und es kommt dementsprechend selten dazu. Weil es so selten ist, werden sehr viele Anleger sprichwörtlich auf dem falschen Fuß erwischt, wenn das Break nach unten doch einmal kommen sollte. Da dann jeder so schnell wie möglich aussteigen will, fallen die Kursverluste im Anschluss sehr groß aus. Wenn Sie keine intelligente Stopp-Strategie haben, kann das viel Geld kosten.

Davor schützen können Sie sich nur, wenn Sie prozyklisch handeln und erst nach dem Bruch der Bullenflagge nach oben einsteigen.

Die Überlegungen zur Bullenflagge gelten spiegelbildlich auch für die Bärenflagge als Bestätigungsmuster im Abwärtstrend. Zur Veranschaulichung soll daher das Chartbeispiel in Abbildung 3.9 genügen.

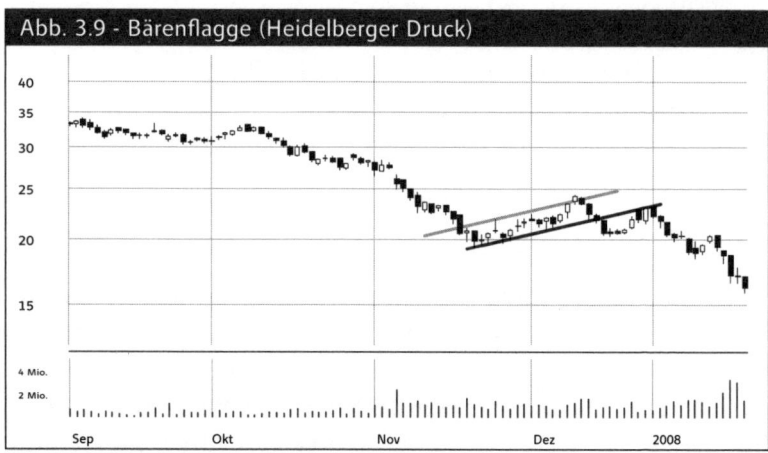

Abb. 3.9 - Bärenflagge (Heidelberger Druck)

Wimpel

Mit der Flagge eng verwandt ist der Wimpel. Wie die Flagge stellen Wimpel eine Verschnaufpause innerhalb einer Trendbewegung dar. Wimpel zählen neben der Flagge mit zu den zuverlässigsten Fortsetzungsformationen. Abbildung 3.10 zeigt, welch hohe Erwartungen Sie an die Anschlussbewegung nach dem Ausbruch aus einer Wimpelformation stellen können.

Wimpel treten meist nach scharfen und deutlichen Kursbewegungen auf. Optisch sieht die Wimpelformation tatsächlich aus wie ein Wimpel. Sie wird von zwei aufeinander zulaufenden Trendlinien begrenzt. Wichtigstes und zwingendes Merkmal: Die Umsätze sollten während der Ausbildung der Formation nahezu austrocknen und beim Ausbruch deutlich anziehen.

Die zeitliche Ausdehnung liegt typischerweise zwischen einer und drei Wochen. Die Begrenzungslinien bei einem Wimpel verlaufen meist

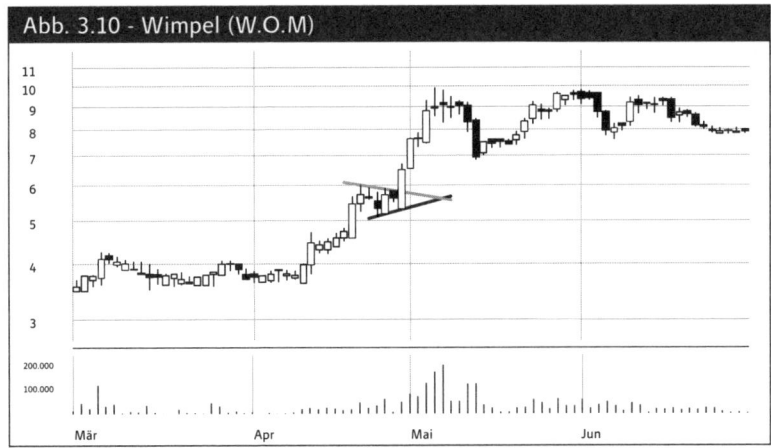

Abb. 3.10 - Wimpel (W.O.M)

sehr steil, sodass ein Ausbruch allein schon wegen der geometrischen Form etwa im Vergleich zu einem symmetrischen Dreieck (siehe Abschnitt „Dreiecke"), das eine ähnliche Erscheinungsform hat, viel früher erzwungen wird.

In der Entstehung ist ein Wimpel nur schwer zu identifizieren, da während der Ausbildung auch andere Konsolidierungsformationen denkbar sind, etwa die Flagge. Ein Wimpel kann damit erst dann als solcher definiert werden, wenn er mit dem Break abgeschlossen ist.

Da Wimpel meist in starken Trendmärkten auftreten und Teil einer starken Kursrallye sind, ist das prozyklische Kaufsignal beim Ausbruch meist sehr lukrativ. Ähnlich wie bei der Flagge geht man davon aus, dass Wimpel etwa bei der Hälfte einer Trendbewegung auftreten. Das Kursziel erhalten Sie somit, indem Sie den vertikalen Abstand der vorangegangenen Kursrallye bis zum Wimpel in Trendrichtung an den Ausbruchspunkt anlegen. Wenn ein Wimpel definitiv bestätigt ist, lohnt sich das Umsetzen des prozyklischen Kaufsignals fast immer!

Keil

Auch bei der sogenannten Keilformation sind die Parallelen zur Flagge nicht zu übersehen. Das trifft sowohl auf die Form als auch auf die Ablaufdauer zu. Der einzige Unterschied besteht darin, dass Keile nicht von zwei parallelen Trendlinien begrenzt werden, sondern von zwei konvergierenden Linien, die gegen den übergeordneten Trend gerichtet sind. Der Unterschied zum Wimpel ist in der etwas längeren zeitlichen Ausdehnung und im Neigungswinkel begründet. Wimpel sind seitwärts gerichtet, während Keile deutlich gegen die Trendrichtung verlaufen und in der Regel auch länger brauchen, bis sie abgeschlossen werden.

Die Impulse gegen die Trendrichtung nehmen im Formationsverlauf ab, woraus sich die spitz zulaufende Form ergibt. Wegen dieser tendenziell abnehmenden Wirkung gegen den eigentlichen Trend ist der Charakter von keilförmigen Mustern noch trendbestätigender als bei Flaggen. Dass ein Ausbruch aus einer Keilformation gegen den eigentlichen Trend erfolgt, ist dementsprechend selten.

Die Einstiegsstrategie ist analog zu der bei einer Flagge. Wie bei der Flagge erfolgt der Einstieg beim Ausbruch aus dem Keil in Trendrichtung. Die Ermittlung des Kursziels erfolgt analog, weshalb an dieser Stelle lediglich auf Abbildung 3.11 zur Veranschaulichung des optischen Unterschieds verwiesen wird.

Abb. 3.11 - Keilformation (Yahoo)

Rechteck

Eine gewisse Ähnlichkeit mit der Flagge besitzt auch die Rechtecksformation mit dem Unterschied, dass die Konsolidierung nicht entgegen dem Trend, sondern dem Namen der Formation entsprechend seitwärts erfolgt. Man könnte sie somit auch als waagerechte Flagge bezeichnen. Wie in der Einführung zu diesem Kapitel schon deutlich wurde, haben waagerecht verlaufende Konsolidierungen einen außerordentlich trendbestätigenden Charakter, getreu dem Motto „je waagerechter, desto trendbestätigender". Das bestätigt auch die Statistik, denn die Fehlerquote bei Rechtecken ist mit circa zwei Prozent sehr gering, was für die Besonderheit des Rechtecks als Konsolidierungsformation spricht.

Ein Rechteck wird am oberen Rand durch einen Widerstand, am unteren Rand durch eine Unterstützung begrenzt, die Zwischenhochs und Zwischentiefs liegen, wie in Abbildung 3.12 zu erkennen ist, auf demselben horizontalen Kursniveau. Um von einem Rechteckmuster sprechen zu können, bedarf es also mindestens zweier Zwischenhochs und zweier Zwischentiefs. Die Anzahl der Schwingungen innerhalb des Rechtecks kann auch größer sein, die in Abbildung 3.12 dargestellte Variante ist jedoch am häufigsten.

Abb. 3.12 - Rechteck als Konsolidierungsmuster (Euro in US-Dollar)

Bei der Chartanalyse können Sie erstmals an die Bildung eines Rechtecks denken, sobald sich das zweite Zwischenhoch auf dem Niveau des ersten gebildet hat. Dann lässt sich durch die beiden Hochpunkte eine horizontale Linie ziehen, deren Parallele durch den Tiefpunkt zwischen den beiden Zwischentops die untere Begrenzung des möglichen Rechtecks markiert. Die Korrekturbewegung von den Hochpunkten aus sollte an dieser unteren Begrenzung stoppen.

Die Entwicklung des Umsatzvolumens innerhalb der Rechteckkorrektur ist das wichtigste Unterscheidungsmerkmal zum Doppeltop, mit dem diese Formation eine große Ähnlichkeit hat. Wie bei jeder Konsolidierungsbewegung sollten die Umsätze auch beim Rechteck stetig abnehmen. Beim Doppelhoch nimmt das Volumen bei der Korrekturbewegung nach Ausbildung des zweiten Hochs deutlich zu. Auch anhand der zeitlichen Ausdehnung können Sie Rechteck und Doppeltop unterscheiden. Beim Rechteck liegen die Extrempunkte meist wesentlich dichter beieinander als beim Doppelhoch.

Innerhalb der Gruppe der Trendfortsetzungsformationen tendieren Rechtecke jedoch dazu, vergleichsweise lange zu dauern. Mitunter werden sie daher auch als „Trader-Nervensäge" betitelt. Dies hat jedoch auch einen positiven Aspekt. Wie eingangs des Kapitels bereits erwähnt, versprechen breite Konsolidierungsformationen auch ein entsprechend hohes Anschlusspotenzial, was wiederum Balsam für strapazierte Nerven ist. Anders ausgedrückt: Je länger die Schlacht zwischen Bullen und Bären dauert, desto größer ist der anschließende Triumph. Rechtecke eröffnen daher vergleichsweise sichere Trading-Chancen, zumal der Einstieg schon im Vorfeld gut planbar ist.

Am sichersten ist der prozyklische Einstieg, nachdem der Kurs aus dem Rechteck ausgebrochen ist, denn erst dann ist die trendbestätigende Formation abgeschlossen. Da, wie schon beschrieben, das Anschlusspotenzial aufgrund des waagerechten Korrekturmusters typischerweise sehr hoch ist, ist ein prozyklischer Einstieg auch früh genug.

Dennoch macht im Falle des Rechtecks auch eine antizyklische Einstiegsstrategie Sinn, wenn die Breite und das Umsatzmuster gegen die Bildung eines Doppeltops sprechen. Der Einstieg erfolgt dann natürlich an der unteren Unterstützungslinie der Formation. Sollte die Strategie doch einmal schiefgehen, merken Sie das schnell genug beziehungsweise können Sie das Risiko mit dem Setzen eines Stopps unterhalb der Unterstützung begrenzen.

Das Minimalkursziel im Ausbruchsfall lässt sich beim Rechteck leicht ermitteln, indem die Höhe der Formation als Anhaltspunkt benutzt wird.

Die Differenz wird zum Ausbruchspunkt projiziert. Falls der Ausbruch nach unten erfolgt, wird das Kursziel nach unten projiziert und falls der Ausbruch nach oben erfolgt, wird das Kursziel nach oben projiziert.

Dreiecke

Beim nächsten Trendbestätigungsmuster bleiben wir bei der Geometrie und widmen uns dem Dreieck. Ein Dreiecksmuster kann dabei mehrere Formen annehmen: symmetrisch, ansteigend, absteigend und verbreiternd. Dementsprechend wird bei den Chartformationen in symmetrische Dreiecke, ansteigende Dreiecke und absteigende Dreiecke unterschieden.

Symmetrisches Dreieck

Eine fast ebenso „sichere Bank" wie Rechtecke sind symmetrische Dreiecke. Am häufigsten treten sie in etablierten Trendphasen mit einer gewissen Reife auf und haben einen hochgradig trendbestätigenden Charakter. Ist dieses Kursmuster erst einmal bestätigt, ist das Chance-Risiko-Verhältnis beim prozyklischen Einstieg zum Ausbruchszeitpunkt ausgezeichnet. Mit einer statistischen Fehlerquote von lediglich fünf bis sechs Prozent sind symmetrische Dreiecke an Zuverlässigkeit kaum zu überbieten.

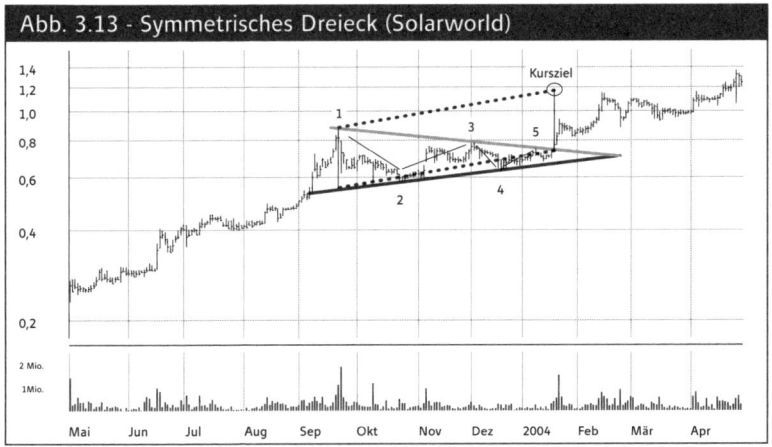

Abb. 3.13 - Symmetrisches Dreieck (Solarworld)

Da die Schwankungen innerhalb der Dreiecksformation immer geringer werden und sich damit auch das Chance-Risiko-Profil verschlechtert, ist der antizyklische Positionsaufbau nicht zu empfehlen. Das Warten auf den Ausbruch und die Bestätigung der Chartformation lohnt sich aber allemal. Denn ein Ausbruch führt in der Regel zu einer sehr dynamischen und für Trader im monetären Sinn auch lohnenden Anschlussbewegung.

Ablaufschema eines symmetrischen Dreiecks

Ein symmetrisches Dreieck entsteht, wenn wie in Abbildung 3.13 innerhalb einer Konsolidierung im Aufwärtstrend immer tiefere Hochs und höhere Verlaufstiefs gebildet werden. Für den Fall eines Abwärtstrends gilt das ebenso.

Die Schwankungshöhe oder die Volatilität innerhalb der Konsolidierung nimmt also stetig ab – ein wichtiges Zeichen für den trendbestätigenden Charakter. Noch mehr gilt das, wie bei Konsolidierungen üblich, für das Volumen, das während der Konsolidierungsphase beim symmetrischen Dreieck fast ausdünnen sollte. Ein derartiger Volumeneinbruch deutet klar darauf hin, dass der Verkaufsdruck (im Aufwärtstrend) entsprechend gering ist. Liegt ein Abwärtstrend vor, würde das entsprechend bedeuten, dass der Kaufdruck im Abwärtstrend nachlässt.

Typisch für ein Dreieck ist, dass die beiden aufeinander zulaufenden Begrenzungslinien mindestens fünfmal berührt werden. Der Kurs schwankt also mindestens fünfmal innerhalb der Formation – mehr Schwankungen sind möglich, allerdings nie weniger. Die Wahrscheinlichkeit für einen Ausbruch aus der Formation ist am größten, wenn das Dreieck zu zwei Dritteln vollendet ist. Die zeitliche Ausdehnung ist daher nahezu ebenso lang wie beim Rechteck, sodass eine Dreieckskonsolidierung immer mehrere Wochen dauert.

Wenn die Voraussetzungen – sinkendes Volumen und abnehmende Volatilität – während der Konsolidierungsphase erfüllt werden, ist die Wahrscheinlichkeit eines Ausbruchs in Richtung des übergeordneten Trends äußerst hoch. Die Anschlussbewegungen an den Ausbruch verlaufen in aller Regel auch sehr dynamisch und mit hohen Volumina. Das Kursziel lässt sich dabei recht einfach mithilfe der Höhe der Formation an der Basis bestimmen. Addieren Sie diese Strecke zur Ausbruchsmarke hinzu und Sie erhalten einen Anhaltspunkt, in welchem Bereich Sie daran denken sollten, die Trading-Gewinne zu realisieren.

Die Ausbildung von Dreiecken ist nur schwer frühzeitig vorherzusehen und während ihrer Reife ist auch viel Geduld gefragt. Die schlechte Antizipierbarkeit stellt jedoch insofern kein Problem dar, als ein Einstieg vor der Bestätigung durch den Ausbruch ja ohnehin nur wenig lohnenswert ist.

Sobald Sie jedoch die Begrenzungslinien des Dreiecks definitiv einzeichnen können, bleibt genügend Zeit, um Ihre prozyklischen Trades für den Ausbruch planen zu können. Je mehr Erfahrung Sie mit Dreiecken sammeln, umso mehr werden Sie ihren gewinnbringenden Charakter lieben lernen!

An- und absteigendes Dreieck

Verwandt mit dem symmetrischen Dreieck sind die an- und absteigenden Dreiecke. Typisch für ein ansteigendes Dreieck sind die auf einem horizontalen Niveau liegenden Hochpunkte (die obere Begrenzung ist also ein horizontaler Widerstand), während die Tiefs innerhalb der Dreiecksformation jedes Mal etwas ansteigen. Die ansteigenden Tiefs spiegeln die Tatsache wider, dass die Käufer innerhalb der Konsolidierung aggressiver agieren als die Verkäufer. Umgekehrt ist es beim absteigenden Dreieck. Hier liegen die Tiefpunkte auf demselben horizontalen Niveau (Unterstützung) bei sukzessive fallenden Hochpunkten – die Verkäufer sind klar in der Mehrzahl.

Die Ausbildung des Dreiecksmusters und das Verhalten nach dem Ausbruch sind in beiden Fällen ähnlich wie beim symmetrischen Dreieck. Die Interpretation der Muster unterscheidet sich jedoch. Ganz gleich, wo aufsteigende oder absteigende Dreiecke im Chart auftauchen, sie haben immer einen klar definierten Charakter. Generell werden ansteigende Dreiecke als bullish eingestuft und absteigende Dreiecke als bearish – unabhängig vom zugrunde liegenden Trend.

Ein bullishes Dreieck ist dann abgeschlossen, wenn wie in Abbildung 3.14 der Kurs eindeutig über der oberen horizontalen Begrenzungslinie schließt. Damit der Ausbruch auch als verlässlich eingestuft werden kann, sollte er wie bei allen Ausbrüchen von ansteigenden Umsätzen begleitet werden. Eine Rückkehr zur Ausbruchslinie wie im Beispiel kommt häufig vor, sollte aber bei entsprechend geringem Volumen stattfinden.

Abb. 3.14 - Aufsteigendes Dreieck (Prime Technology Index)

Die Kurszielbestimmung beim aufsteigenden Dreieck ist einfach. Man misst die Höhe des Dreiecksmusters an der weitesten Stelle und projiziert den Abstand zum Ausbruchspunkt. In Abbildung 3.13 hat das punktgenau funktioniert.

Die Regeln für das absteigende Dreieck gelten entsprechend spiegelbildlich. Die bearishe Fortsetzungsformation ist bestätigt, wenn die horizontale untere Begrenzungs- oder Unterstützungslinie gebrochen wird.

Abbildung 3.15 zeigt einen typischen Ablauf. Die Überlegungen zum Volumen – ansteigend in Trendrichtung, absteigend bei der Korrekturbewegung – gelten natürlich analog. Die Technik der Kurszielbestimmung ist die gleiche wie beim ansteigenden Dreieck. Die Projektion der Höhe des Dreiecks zum Ausbruchspunkt ergibt das Kursziel.

Aufgrund ihres eindeutigen Charakters kommen ansteigende Dreiecke in der Regel als Konsolidierungsmuster im Aufwärtstrend vor und absteigende Dreiecke entsprechend in Abwärtstrends. Es gibt jedoch auch Ausnahmen. Beide Muster treten mitunter auch als Boden-

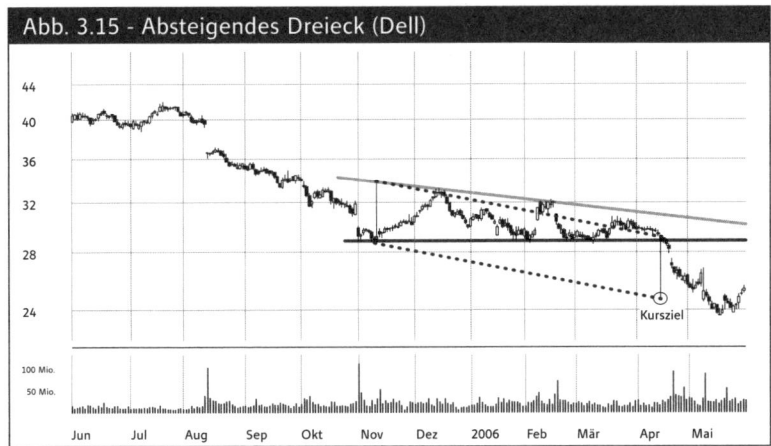

Abb. 3.15 - Absteigendes Dreieck (Dell)

bildungen oder Top-Formationen auf. Das trifft mitunter sogar auch auf symmetrische Dreiecksmuster zu. Abbildung 3.16 zeigt beispielhaft ein aufsteigendes Dreieck bei Beiersdorf, das durch den Ausbruch nach unten den Aufwärtstrend beendete.

An der generellen Interpretation der Ausbrüche ändert sich in allen Fällen also nichts. Ein Ausbruch nach oben ist ein klares Kaufsignal, ein Break nach unten ein klares Verkaufssignal. Die Ausbruchsrichtung ist somit entscheidend, weshalb gerade bei diesen Chartmustern die Bestätigung durch das Break abzuwarten ist.

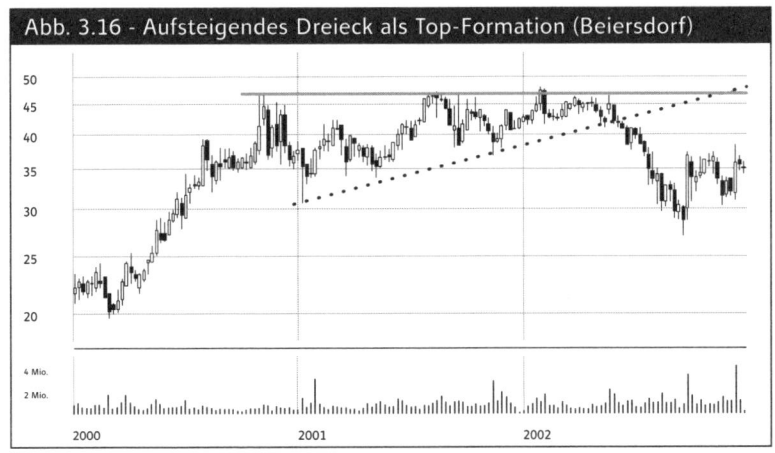

Abb. 3.16 - Aufsteigendes Dreieck als Top-Formation (Beiersdorf)

Schulter-Kopf-Schulter

An dieser Stelle mögen Sie vielleicht die berechtigte Frage stellen, warum die Schulter-Kopf-Schulter-Formation schon wieder auftaucht, nachdem sie bereits als wichtigste Trendumkehrformation vorgestellt wurde. Das liegt ganz einfach daran, dass es auch bei der Charttechnik die berühmten Ausnahmen von der Regel gibt. SKS-Muster kommen zwar nicht besonders häufig als trendbestätigende Formationen vor, ab und zu aber doch.

Das Gute dabei ist, dass trendbestätigende SKS-Formationen nicht mit Top- oder Bodenbildungsmustern verwechselt werden können, weil sie als Konsolidierungsmuster spiegelverkehrt auftreten. Insofern widerspricht das nicht der Logik eines trendbestätigenden Konsolidierungsbildes. In einem Aufwärtstrend gilt eine inverse SKS-Formation als trendbestätigende Korrekturformation, die im klassischen Sinn beim Vorliegen eines Abwärtstrends eine Bodenbildung anzeigen würde. Liegt jedoch ein Aufwärtstrend vor, wird die inverse SKS-Formation einfach zur trendbestätigenden Formation umklassifiziert. Umgekehrt entspricht das SKS-Muster im Abwärtstrend optisch der SKS-Formation als obere Trendwende. Die Interpretation bleibt in beiden Fällen die gleiche. Die Überlegungen im Abschnitt „Trendwendeformationen" gelten daher weiter. Die trendbestätigende SKS-Formation wird abgeschlossen, wenn die Nackenlinie in Trendrichtung durch-

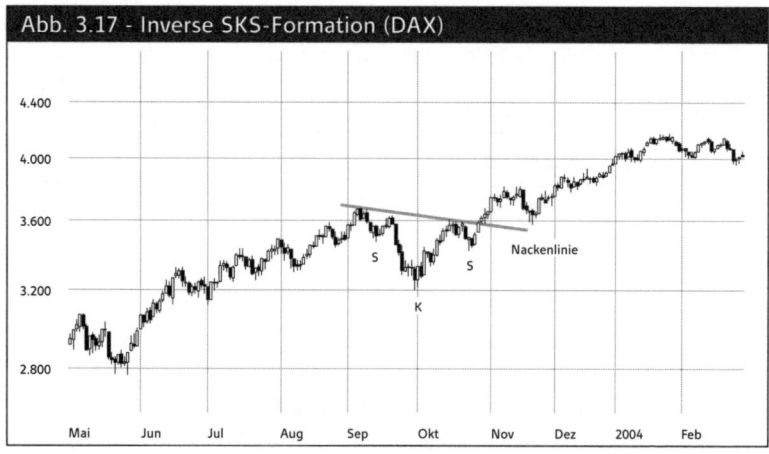

Abb. 3.17 - Inverse SKS-Formation (DAX)

brochen wird. Die Regeln für die Entwicklung des Volumens und die Ermittlung des Kursziels gelten analog. Den Fall einer inversen SKS-Formation als den Aufwärtstrend bestätigendes Muster zeigt der DAX in Abbildung 3.17.

Untertasse

Ähnlich wie bei der SKS-Formation sieht es auch bei der Untertasse aus. Auch sie kann – in horizontal gespiegelter Form – einen trendbestätigenden Charakter annehmen. In einem übergeordneten Aufwärtstrend sieht eine Untertasse als Konsolidierungsmuster dann aus wie bei einer Bodenbildung, nur eben mit dem Unterschied, dass sie nicht am Ende eines Abwärtstrends auftritt, sondern im Verlauf eines Aufwärtstrends. Im Abwärtstrend stehen trendbestätigende Tassen entsprechend auf dem Kopf, analog zu der üblichen oberen Trendwendeform.

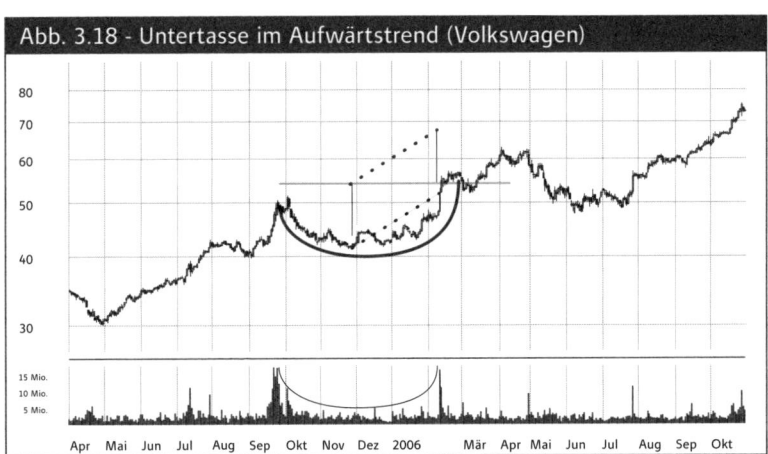

Abbildung 3.18 zeigt den Chart von Volkswagen mit einer nahezu idealtypischen (aufwärts-)trendbestätigenden Untertasse, was sowohl die Form als auch den ebenfalls tassenförmigen Umsatzverlauf betrifft. Insofern gelten die Regeln aus dem Abschnitt „Trendwendeformationen" auch bei der Untertasse als Konsolidierungsform. Die Formation wird im Konsolidierungsfall bestätigt, wenn sie in Trendrichtung aufgelöst

wird, also die gedachte Linie am Tassenrand durchbrochen wird. Bei der Kurszielbestimmung können Sie verfahren wie gewohnt: Wenn Sie die Höhe der Formation zum Ausbruchspunkt projizieren, erhalten Sie das Trading-Kursziel.

Kurslücken (Gaps) und ihre Bedeutung

Wenn Sie schon öfter Charts genauer betrachtet haben, werden Sie vielleicht festgestellt haben, dass es an manchen Stellen Lücken gibt. Solche Kurslücken – auch Gaps genannt – kommen dann zustande, wenn in einem bestimmten Kursbereich keine Handelsaktivität stattgefunden hat. Wenn also beispielsweise der Kurs über dem höchsten Stand vom Vortag oder unter dem Tief vom Vortag eröffnet und im weiteren Tagesverlauf diese Lücke nicht schließt. Die Ursache solcher Gaps sind meist besonders gute oder schlechte Nachrichten, die für einen Kurssprung sorgen.

Von Kurslücken können Sie auch auf die Verfassung des Marktes oder des Trends schließen. Aufwärtslücken sind in der Regel ein Zeichen von Stärke, während Abwärtslücken für gewöhnlich ein Zeichen von Schwäche sind. Am häufigsten treten Gaps in Tagescharts auf, vereinzelt auch in Wochen- und Monatscharts, wobei sie dann eine sehr hohe Signifikanz besitzen.

Allgemein hat sich der Spruch eingebürgert: „Gaps werden immer geschlossen", was jedoch ein Irrglaube ist. Statistisch gesehen werden nur rund 90 Prozent der Gaps gefüllt. Entscheidend dabei ist, um welchen Typ Gap es sich handelt und wo die Lücke im Chartverlauf auftritt.

Man unterscheidet vier Arten von Kurslücken: gewöhnliche Lücken (Common Gaps), Ausbruchslücken (Breakaway Gaps), Fortsetzungslücken (Measuring Gaps) und Erschöpfungslücken (Exhausting Gaps). Nachfolgende Tabelle gibt einen groben Überblick.

Gewöhnliche Lücken sind in der Regel in Konsolidierungs- oder auch in Umkehrformationen zu finden und gehören zu denen, die fast immer geschlossen werden. Als Signalgeber sind Common Gaps nicht geeignet und werden daher auch nie gehandelt.

Kurslücken und ihre Bedeutung			
Name (deutsch)	Name (englisch)	Vorkommen	Anwendung
Gewöhnliche Lücke	Common Gap	in Konsolidierungen	irrelevant
Ausbruchslücke	Breakaway Gap	an Ausbruchsstellen	sehr wichtig
Fortsetzungslücke	Measuring Gap	bei der Hälfte einer Trendbewegung	Kurszielformel
Erschöpfungslücke	Exhausting Gap	am Ende einer Trendbewegung	schwer von Measuring Gap zu unterscheiden

Wichtig sind vor allem Ausbruchslücken. Wie der Name schon sagt, signalisieren sie einen Ausbruch, also die Vollendung einer Konsolidierungs- oder Umkehrformation. Sie treten somit immer in der Nähe einer signifikanten Widerstands- oder Unterstützungslinie auf. Auch wenn eine Kurslücke entsteht: Mit dem Ausbruch steht ein Handelssignal im Raum, das trotz Lücke auch dann gehandelt werden kann, wenn der Ausbruch und damit das Gap von hohem Volumen begleitet wird. Achten Sie jedoch auf die Schlusskurse an den folgenden Handelstagen. Schließt der Kurs zum Beispiel im Aufwärtstrend unterhalb der Aufwärtslücke, ist dies ein Zeichen von Schwäche. In jedem Fall sollten Sie einen Stopp (auf Schlusskursbasis) unterhalb der Lücke platzieren – im Falle eines Abwärtstrends natürlich entsprechend oberhalb.

 ## HANDELSREGELN FÜR KURSLÜCKEN:

- ▶ Common Gaps werden nie gehandelt.
- ▶ Breakaway Gaps werden nur gehandelt, wenn sie von einem signifikanten Volumenanstieg begleitet werden.
- ▶ Wenn man entsprechend long/short geht, ist das Platzieren eines Stopps unter-/oberhalb des Gaps ein Muss.
- ▶ Measuring Gaps werden nur bei hohem Volumen analog zum Breakaway Gap gehandelt. Deren Bestätigung auf Basis der Schlusskursregel muss folgen. Ansonsten sollte die Position sofort geschlossen werden.

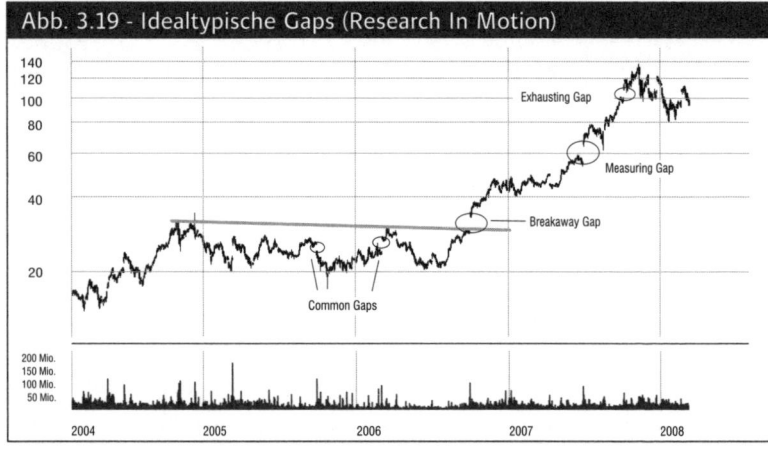

Abb. 3.19 - Idealtypische Gaps (Research In Motion)

Exhausting Gap

Measuring Gap

Breakaway Gap

Common Gaps

Nicht zwingend, aber auch nicht selten sind Fortsetzungslücken oder Measuring Gaps, die den bestehenden Trend bestätigen. Measuring Gaps („messende Lücken") werden sie deshalb genannt, weil sie meist bei der Hälfte einer dynamischen Trendbewegung auftreten. Die Differenz zur Ausbruchslücke, projiziert an die Fortsetzungslücke, dient dabei als Kurszielformel. Measuring Gaps können wie Breakaway Gaps getradet werden, wenn die Umsätze deutlich zunehmen. Dabei sollten Sie darauf achten, dass die Fortsetzungslücke in den folgenden Tagen bestätigt wird (Schlusskursregel), sprich kein Schlusskurs mehr unter respektive über dem Gap entsteht. Dies ist gerade bei der Fortsetzungslücke wichtig, da sie nicht zwingend vorkommt und daher auch leicht mit einer Erschöpfungslücke verwechselt werden kann.

Wichtigstes Unterscheidungsmerkmal ist das Volumen. In Abbildung 3.19 wird deutlich, dass der Volumenanstieg bei der Erschöpfungslücke deutlich geringer ausfällt als bei der Ausbruchs- und der Fortsetzungslücke. Spätestens jedoch der Schlusskurs unter der Lücke nur wenige Tage später sollte die Alarmglocken schrillen lassen. Das Chartbeispiel macht deutlich, dass sich „der Mut zur Lücke" lohnt, wenn die wichtigsten Handelsregeln befolgt werden.

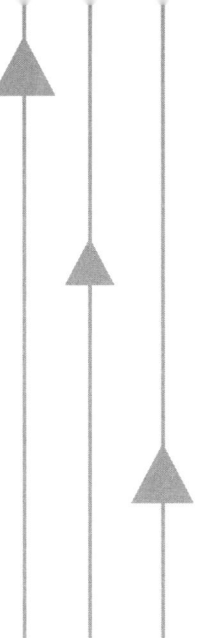

KAPITEL 4
TECHNISCHE INDIKATOREN

Die Grundzüge der klassischen Charttechnik wurden in den vorhergehenden Kapiteln ausführlich behandelt. Mit dem Trendkonzept und den verschiedenen Chartmustern ist der Werkzeugkasten eines Technischen Analysten aber noch lange nicht erschöpft. Das folgende Kapitel über die Technischen Indikatoren komplettiert die Mittel aus der klassischen Charttechnik mit den Technischen Indikatoren.

Bei den Technischen Indikatoren handelt es sich um ein sehr weites Feld, mit dem man ein eigenes Buch füllen könnte. Daher wird im Rahmen von „Crashkurs Charttechnik" nur auf die wichtigsten Vertreter eingegangen, was im Grunde nicht problematisch ist, denn die Interpretation der einzelnen Indikatoren ist in den meisten Fällen ähnlich. Nur deren Berechnung unterscheidet sich. Als Basis für die Herleitung von Indikatoren dient immer der Kurs. Damit bleibt auch bei den Indikatoren der Kurs die einzige Größe, die zur Kursprognose herangezogen wird. Für die Berechnung und anschließende Darstellung der Indikatoren benötigen Sie kein Mathematikstudium. Die spezifischen Formeln sind meist einfach konzipiert und für jeden leicht zu durchschauen. In Chartprogrammen oder in den Chart-Tools auf den einschlägigen Internetseiten werden die Indikatoren normalerweise unterhalb des Charts abgebildet.

Wenn Sie die Charakteristik, die Stärken und die Schwächen der einzelnen Indikatoren durchschaut haben, werden Sie mit deren Einsatz eine noch Erfolg versprechendere Kursprognose erstellen können, als dies mit der reinen Betrachtung des Kursverlaufs möglich ist. Dabei sei jedoch schon im Vorfeld darauf hingewiesen, dass auch bei den Indikatoren die Trefferquote nicht hundertprozentig sein kann. Die sichere Kombination von klassischer Charttechnik mit den verschiedenen Indikatoren und vor allem mit dem Wissen, wann welcher Indikator zuverlässige und wann weniger zuverlässige Ergebnisse liefert, wird jedoch Ihre Trefferquote erheblich steigern. Grundsätzlich gibt es zwei große Indikatorengruppen: Trendfolgeindikatoren und Oszillatoren.

Indikatorengruppen und ihre Charakteristik

Trendfolgeindikatoren allgemein

Statistisch gesehen sind die meisten technischen Hilfsmittel trendfolgender Natur. Sie generieren Signale, wenn der Kurs eine bestimmte Richtung bereits eingeschlagen hat, also wenn ein Aufwärts- oder Abwärtstrend vorliegt, und folgen diesem Trend dann, bis er wechselt. So gesehen generieren Trendfolger erst mit Verspätung Signale. Dementsprechend funktionieren sie in Trendmärkten besonders gut, tendieren dafür jedoch in trendlosen Märkten zu Fehlsignalen.

Mit einem Trendfolger werden Sie daher nicht den optimalen Ein- oder Ausstiegspunkt erwischen. Da stellt sich natürlich die berechtigte Frage, wozu Trendfolger dann überhaupt gut sind. Wenn Sie bereits an der Börse tätig sind, werden Sie vielleicht schon in der Situation gewesen sein, eine Aktie, mit der Sie im Plus lagen, zu früh verkauft zu haben. Und prompt ist der Wert danach weitergestiegen. Das ist sicherlich schon jedem passiert, und das nicht nur einmal. Vor allem in Haussephasen ist es mitunter schwierig, durchzuhalten. Wer will auch schon Gefahr laufen, Buchgewinne wieder abzugeben. Das ist schlicht und ergreifend menschlich und es ist letztendlich eine Frage der Psychologie, ob man einen Trend durchhalten kann oder nicht. Wie in Kapitel 2 schon deutlich wurde, sind gerade die langen Trends die wirklich lukrativen. Also wäre es doch optimal, wenn es so etwas wie eine Trendversicherung gäbe.

Genau als solche sind Trendfolgeindikatoren zu sehen. Sie können verhindern, dass Sie zu früh einem intakten Trend den Rücken kehren, indem Sie einfach abwarten, bis die Trendfolgeindikatoren drehen. Wie schon angemerkt, werden Sie damit sicherlich nicht im Hoch aussteigen, aber mit hoher Wahrscheinlichkeit höher, als wenn Sie sich beim Ausstieg an Ihrem Bauchgefühl orientieren.

Ein Paradebeispiel für diese Einschätzung gibt der DAX in Abbildung 4.0. Mit Sicherheit sind bei der Hausse seit 2003 die wenigsten von Anfang bis Ende dabei gewesen. Deutlich ist jedoch die Tatsache, dass der MACD als *der* klassische Trendfolgeindikator auf Monatsbasis Mitte 2003 ein Kaufsignal geliefert hat. Wie der MACD genau funktioniert, wird später noch detailliert erläutert. Die Signallogik beim MACD ist jedoch relativ einfach:

▶ Ein Kaufsignal entsteht, wenn die MACD-Linie (schwarz) die Signallinie (blau) von unten nach oben schneidet.

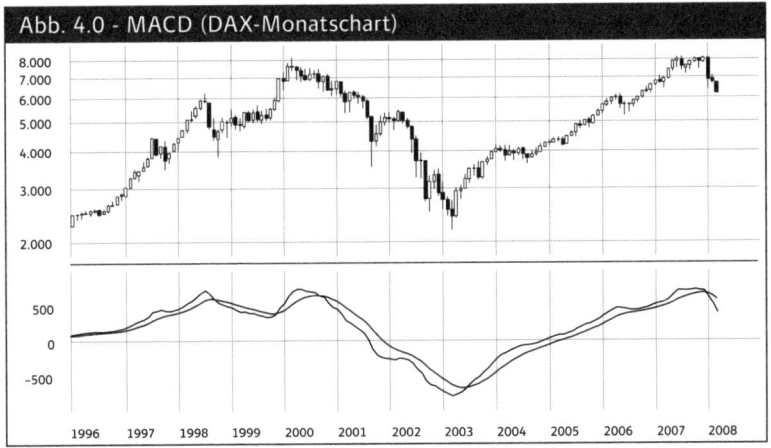

► Ein Verkaufssignal entsteht folglich, wenn die MACD-Linie die Signallinie nach unten schneidet.

Bei dieser auf Monatsbasis sehr langfristigen Betrachtung wäre nach dem Trendfolgekonzept jeder Anleger wohl noch investiert. Wer nach Bauchgefühl gehandelt hat, dürfte spätestens bei der heftigen Korrektur im Jahr 2006 die Reißleine gezogen haben, wobei die meisten wohl schon im sehr volatilen Börsenjahr 2004 die Nerven verloren haben dürften.

Deutlich wird auch, dass das Einstiegssignal nicht auf dem Tiefpunkt erfolgte, aber dennoch früh genug, um an der folgenden mehrjährigen Hausse voll teilhaben zu können. Auch die Baisse nach dem Platzen der Internetblase wäre vielen erspart geblieben. Das Ausstiegssignal lieferte der Monats-MACD im Herbst 2000. Das Hoch war zwar bereits im März 2000 erreicht, doch wer wäre heute nicht froh, wenn er sein Depot im Herbst 2000 komplett geräumt hätte.

Ein ähnlich positives Ergebnis hätte sich auch bei Betrachtung des DAX auf Wochenbasis wie in Abbildung 4.1 realisieren lassen. Dem Kaufsignal beim MACD im August 2006 folgte eine dynamische Aufwärtsbewegung, bis der Trendfolger im März 2007 ein Verkaufssignal generierte. Dazwischen lag eine mögliche Performance von knapp 14 Prozent. Daran schloss sich im April 2007 ein neuerliches Long-Signal

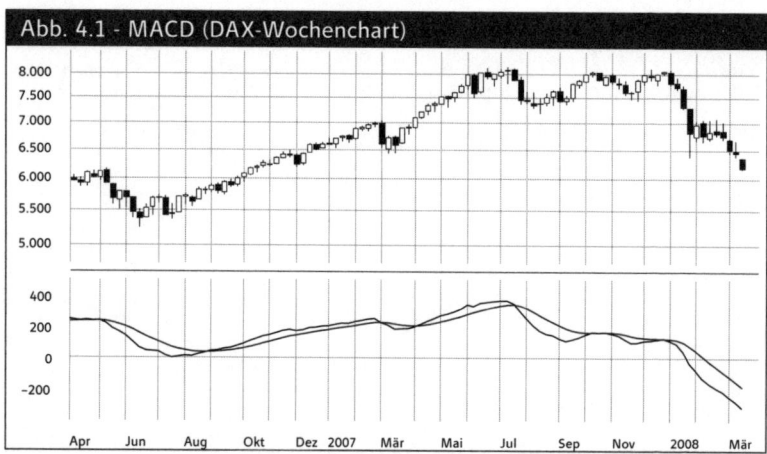

Abb. 4.1 - MACD (DAX-Wochenchart)

an, das bis zum Ausstiegssignal im Juli 2007 weitere knapp fünf Prozent Gewinn eingebracht hätte.

Abbildung 4.1 zeigt aber auch deutlich die Schwächen von Trendfolgeindikatoren. Wenn keine klare Trendrichtung vorliegt wie zuletzt beim DAX seit Sommer 2007, neigt der MACD zu Fehlsignalen. Im DAX-Wochenchart kamen die Kaufsignale im Oktober und Dezember 2007 fast punktgenau im jeweiligen Zwischenhoch, das Verkaufssignal folgte zwar wenig später, vor Verlusten schützte es aber nicht. Seitwärtsmärkte sind Gift für Trendfolgeindikatoren, wie auch der Monatschart des Dow Jones bestätigt. Während der fast dreijährigen Seitwärtsbewegung seit Ende 2003 waren die Signale des MACD alles andere als hilfreich.

Fazit bis hierher: So einfach, wie es zunächst den Anschein hat, ist der Einsatz von Trendfolgeindikatoren also doch nicht. Wenn kein eindeutiger Trend vorliegt, generieren Trendfolger mit Vorliebe Fehlsignale. Und das meist auch noch dann, wenn gerade ein Zwischenhoch oder -tief erreicht wurde – also zum denkbar ungünstigsten Zeitpunkt.

Was also tun? Wie man schon feststellen konnte, funktionieren Trendfolgeindikatoren in Trendmärkten hervorragend. Die Frage, in welcher Trendphase sich der Markt aktuell befindet, muss daher im Vorfeld geklärt sein. Vor dieser Frage standen Sie schon in Kapitel 2 bei der Besprechung des Trendkonzepts. Die Frage nach dem Trend stellt

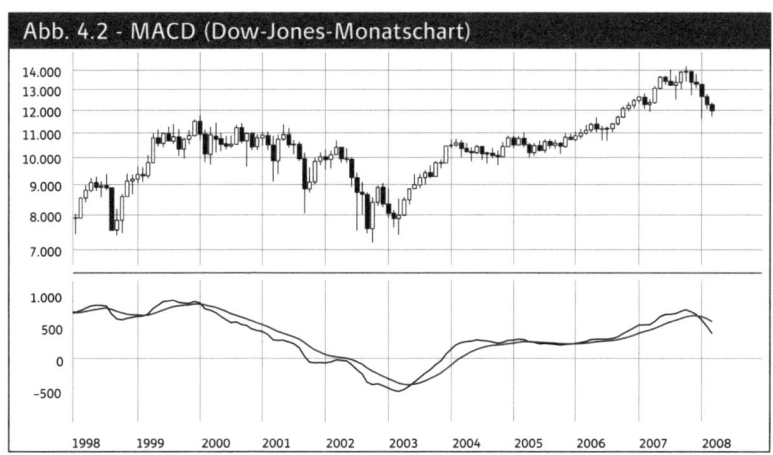

Abb. 4.2 - MACD (Dow-Jones-Monatschart)

sich somit immer. Deshalb sind vor dem Einsatz von Indikatoren auch zwei Fragen zu beantworten:

► Liegt aktuell ein Trendmarkt vor?
oder
► Entsteht gerade ein neuer Trendmarkt?

Wenn Sie es schaffen, sämtliche bisher besprochenen charttechnischen Argumente in einem Gesamtbild zu kombinieren, und daraus die zukünftige Trendentwicklung herauslesen können, dann haben Sie bereits gewonnen. Dann können Sie auch den geeigneten Indikator aussuchen.

 MERKE:

Am Anfang steht die Frage nach dem Trend, erst dann kommt die Auswahl eines passenden Indikators. Dabei gilt der Grundsatz: Trendfolgeindikatoren in Trendrichtung folgen, bis sie ein Trendwendesignal liefern.

Oszillatoren allgemein

Wenn sich die Kurse in einer Seitwärtsbewegung befinden, bietet sich der Einsatz von Oszillatoren an. Sie sind das Gegenstück zu den vorgestellten Trendfolgesystemen. Mit Oszillatoren können Sie also in trendlosen Seitwärtsphasen profitieren.

In trendintensiven Phasen neigen sie zwar häufig zu Fehlsignalen, können aber auch hier wertvolle Signale liefern, etwa als Frühwarnsystem für eine abnehmende Trenddynamik (Momentum). Sogenannte Divergenzen – also Unterschiede im Oszillator- und Chartverlauf – kündigen häufig ein mögliches Ende eines Trends an, noch bevor dies im Kursverlauf sichtbar ist. Wie genau Divergenzen zu erkennen und zu interpretieren sind, wird noch im Detail anhand der späteren Analyse der einzelnen Indikatoren erklärt.

Die Konstruktion und die Interpretation von Oszillatoren unterscheidet sich je nach Technik nur wenig. Sie werden bei allen gewisse

Ähnlichkeiten erkennen. Die Oszillatoren schwanken meist um eine Mittellinie, die das Oszillatorenband unter dem Chart in zwei Hälften teilt. Der Wert dieser Linie hängt von der Indikatorformel ab. Meist handelt es sich um eine Nulllinie. Häufig ist die Skalierung auch nach oben und unten begrenzt, wobei die Skala von 0 bis 100 reicht.

Mit dieser Einteilung lassen sich dem Oszillator obere und untere Extremzonen zuweisen, die beliebig gewählt werden können. Für jeden Indikator gibt es jedoch bestimmte Standardeinstellungen. Mit der Definition solcher Extremzonen können Sie schließlich erkennen, ob eine überkaufte oder eine überverkaufte Marktlage vorliegt, sprich ob der Kurs reif für eine Konsolidierung in irgendeiner Form ist.

Im Gegensatz zu den Trendfolgern geht es bei den Oszillatoren also nicht darum, ihnen zu folgen, bis sie drehen. Aufgrund der begrenzten Skalierung ist dies ohnehin nicht möglich, da früher oder später Schluss ist. Oszillatoren sind somit weniger eine prozyklische als vielmehr eine antizyklische Thematik.

 MERKE:

Signalisiert der Oszillator durch das Erreichen der oberen Extremzone eine überkaufte und damit heiß gelaufene Verfassung, bieten sich antizyklische Gewinnmitnahmen an. Pendelt der Oszillator dagegen in der unteren Extremzone, findet man häufig eine optimale Einstiegsgelegenheit vor. Dabei gilt es jedoch zu beachten, dass Oszillatoren der grundlegenden Trendanalyse untergeordnet sind. Ein starker Trend schließt das Prinzip der Oszillatoren aus.

Zu den am häufigsten verwendeten Oszillatoren zählt der sogenannte Stochastik-Oszillator, der Werte zwischen 0 und 100 annehmen kann. Die genaue Berechnung wird später noch erläutert. Horizontale Linien bei 80 und 20 Punkten markieren die obere und untere Extremzone. Sobald der Indikator diese Extrembereiche erreicht, rücken die antizyklischen Handelsentscheidungen in den Vordergrund.

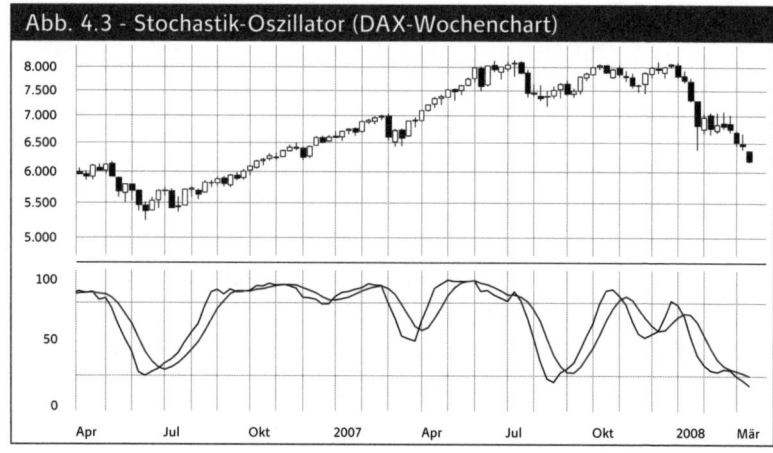

Abb. 4.3 - Stochastik-Oszillator (DAX-Wochenchart)

Wie so etwas funktionieren kann, zeigt die Entwicklung des DAX in Abbildung 4.3. Zwischen Juni 2007 und Januar 2008 tendierte der deutsche Leitindex seitwärts in einer breiten Spanne zwischen 7.300 und 8.100 Punkten. Für den Stochastik-Oszillator war das kein Problem, denn die Ein- und Ausstiegssignale kamen zum richtigen Zeitpunkt. Im oberen Extrembereich verkaufen, im unteren kaufen, das hat im Seitwärtstrend hervorragend funktioniert.

Das vorliegende Chartbeispiel zeigt jedoch auch eindrucksvoll, dass sich Oszillatoren in trendintensiven Phasen mitunter sehr lange in einer Extremzone aufhalten können. Beim DAX war das etwa während der Rallye von Juli 2006 bis Februar 2007 der Fall. Fehlsignale bleiben also auch bei Oszillatoren nicht aus. Während der Rallye im DAX hat der Indikator auf ganzer Linie versagt. Entscheidend ist letztendlich, dass Oszillatoren genauso wie Trendfolger in der richtigen Marktphase eingesetzt werden. Die Frage nach dem Trend ist daher immer die wichtigste. Und dazu gehört schlichtweg eine gute Portion Erfahrung.

Zusammenfassend lässt sich also Folgendes festhalten:

▶ Es gibt zwei Indikatorengruppen: Trendfolgeindikatoren und Oszillatoren.
▶ Beide funktionieren nach unterschiedlichen Prinzipien.

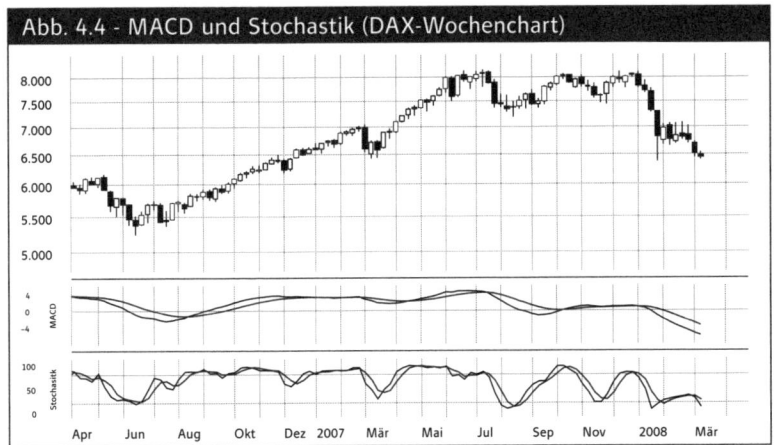

Abb. 4.4 – MACD und Stochastik (DAX-Wochenchart)

▶ Trendfolgeindikatoren liefern in starken Trendmärkten wertvolle Signale.

▶ Oszillatoren vermitteln in Seitwärtsphasen zuverlässige Botschaften.

Doch was ist zu tun, wenn sich beide Indikatorengruppen widersprechen wie beispielsweise der DAX in Abbildung 4.4, wo der Trendfolger einen intakten Trend anzeigt, während der Oszillator den oberen Extrembereich erreicht hat?

Hier greift die Regel: Ein intakter Trend schließt das oszillatorische Prinzip aus. Es ist zwar nicht von der Hand zu weisen, dass aufgrund eines überkauften Oszillators die Wahrscheinlichkeit für eine Konsolidierung steigt. Nach dem Trendkonzept gibt es jedoch keinen zwingenden Anhaltspunkt für eine Trendwende und schon gar kein Signal für ein Engagement auf der Short-Seite. „Im Zweifel für den Trend" lautet daher in einem solchen Fall das Urteil. Erfahrungsgemäß fahren Sie damit am besten.

Sie werden also nicht umhinkommen, die einzelnen Indikatoren und charttechnischen Argumente immer wieder aufs Neue zu bewerten und deren Aussage zum Gesamtbild ins Verhältnis zu setzen. Denn ein optimales Szenario, bei dem beide Indikatoren in dieselbe Richtung zeigen, ist äußerst selten.

Bevor die einzelnen Indikatoren im Detail besprochen werden, ist somit nur noch eine Frage zu klären: Wie viele der schier unzähligen unterschiedlichen Indikatoren sollten für die Analyse herangezogen werden? Es ist sicherlich nicht sinnvoll, mit zu vielen Indikatoren zu arbeiten. Wenn zehn Indikatoren einen überverkauften Markt anzeigen, bringt Sie das nicht viel weiter, als wenn nur drei dasselbe anzeigen. Weniger ist in diesem Zusammenhang mehr. Einer aus jeder Kategorie ist jedoch zu wenig. Zwei bis drei Indikatoren aus jeder Kategorie sollten es sein, um zu sehen, ob alle Indikatoren aus einer Kategorie zum gleichen Ergebnis führen. Es empfiehlt sich, die bevorzugten Indikatoren über mehrere Jahre zu verfolgen, denn mit Indikatoren verhält es sich wie mit Menschen. Je länger und besser man jemanden kennt, desto besser kann man ihn in der Regel auch einschätzen. Wenn Sie „Ihre" Indikatoren über längere Zeit beobachten, werden Sie ein Gefühl dafür bekommen, in welcher Marktphase sie vertrauenswürdig sind und wann Sie sie eher mit Vorsicht genießen sollten.

Im nun folgenden Kapitel werden die wichtigsten und bekanntesten Indikatoren beider Gruppen genau analysiert. Dabei handelt es sich um diejenigen Indikatoren, die am meisten verwendet werden. Aufgrund der Unzahl an Möglichkeiten kann im Rahmen dieses Crashkurses unmöglich das ganze Indikatorenuniversum besprochen und erläutert werden. Wer sich dem Thema Indikatoren intensiv widmen will, sollte ein Lehrbuch zur Hand nehmen, das ausschließlich diesen Bereich abdeckt. Die Interpretation der Indikatoren ist aber bei den einzelnen Gruppen ähnlich, sodass das Verständnis der beiden Indikatorengruppen für den ersten Praxiseinsatz ausreichend ist.

Trendfolgeindikatoren

Trendfolgeindikatoren laufen wie beschrieben dem Trend hinterher und geben ein Signal, wenn ein Trend wechselt. Einfach ausgedrückt: Erst dreht der Markt, dann der Indikator. Im folgenden Abschnitt werden die drei am häufigsten verwendeten Trendfolger eingehend diskutiert – der gleitende Durchschnitt, der MACD und die Bollinger-Bänder.

Gleitende Durchschnitte

Die sogenannten gleitenden Durchschnitte stellen die Urform der Trendfolgeindikatoren überhaupt dar und zählen zu den am häufigsten verwendeten Indikatoren. Sie werden seit kurz nach dem Zweiten Weltkrieg verwendet, als Durchschnittsberechnungen erstmals zur Analyse von Aktienkursen benutzt wurden. Die grundlegende Aufgabe ist es, Ausreißer in den Kursbewegungen herauszufiltern, um einen klaren Blick auf Trendverhalten und Trendrichtung der Kursbewegung zu ermöglichen. Oft genug steigen Kurse sprunghaft an oder fallen in heftigen Korrekturen innerhalb kürzester Zeit. Solche übertriebenen Kursbewegungen können viele Gründe haben, eine überraschende Zinsentscheidung der Notenbank, gute oder schlechte Unternehmenszahlen und so weiter. Die Verwendung eines gleitenden Durchschnitts ermöglicht es, solche alltäglichen Ausschläge zu eliminieren und den tatsächlichen Kurstrend zu verfolgen.

Wie wichtig gleitende Durchschnitte in der Technischen Analyse sind, zeigt die Tatsache, dass diese sich nicht nur als eigenständige Indikatorengruppe etabliert haben, sondern auch die Basis für weitere Indikatoren bilden. Zwei solcher Weiterentwicklungen werden Sie im Rahmen dieses Kapitels kennenlernen: den MACD und die Bollinger-Bänder.

Aber zunächst zu den gleitenden Durchschnitten: Für deren Berechnung gibt es zahlreiche verschiedene Varianten, die Verwendungsmöglichkeiten sind jedoch bei allen nahezu identisch.

Am einfachsten aufgebaut ist der sogenannte einfache gleitende Durchschnitt oder auch Simple Moving Average (SMA). Er ist nichts anderes als ein Durchschnittskurs über einen bestimmten Zeitraum. Mathematisch gesehen wird ein arithmetisches Mittel des Kurses von den letzten x Tagen gebildet, wobei der Zeitraum x beliebig wählbar ist.

Der SMA geht auf Zeiten zurück, als Händler ihre Charts noch mit der Hand auf Millimeterpapier malen mussten. Zwar ist die Berechnung denkbar einfach, Qualität und Nutzen von gleitenden Durchschnitten sind jedoch hoch. Sie werden heutzutage genauso oft verwendet wie andere Indikatoren, sind auch heute noch ein wichtiger Bestandteil von computergesteuerten Handelssystemen und dienen, wie Sie später zum Beispiel beim MACD noch sehen werden, als Signallinie in Indikatoren und zur Trendbestimmung in Aktien-, Future- und Indexcharts.

Zur Berechnung wird einfach die Summe der Kurse des Berechnungszeitraums durch die Anzahl an Handelstagen (-wochen, -monaten et cetera) im gewählten Zeitraum geteilt. Dieser Durchschnitt wird täglich neu berechnet, sodass sich im Zeitablauf eine Indikatorlinie ergibt, die dem Kursverlauf zwar folgt, allerdings wesentlich träger und mit geringeren Schwankungen, da es sich ja um einen Durchschnittskurs handelt. Je länger der Zeitraum für die Berechnung gewählt wird, desto träger folgt der gleitende Durchschnitt dem tatsächlichen Kursverlauf. Abbildung 4.5 zeigt den DAX mit einem 90- und einem 10-Tage-Durchschnitt. Hier ist deutlich zu sehen, dass die Richtungsänderungen in den Kursbewegungen von der Durchschnittslinie mit Verzögerung abgebildet und die Kursschwankungen geglättet werden. Die 90-Tage-Linie mit dem langen Berechnungszeitraum von 90 Handelstagen läuft dabei wesentlich träger hinter dem Kurs her als die wesentlich „kürzere" 10-Tage-Linie.

Die Periode ist grundsätzlich frei wählbar, in der Praxis haben sich jedoch einige Standards etabliert. Für langfristige Betrachtungen sind dies die Durchschnittslinien über 38, 90 und 200 Tage, die am häufigsten Verwendung finden, für eher kurzfristig orientierte Anleger die 5-, 10-, 20- und 50-Tage-Linien. Im Zeitablauf hat man die einfachen gleitenden

Abb. 4.5 - 90- und 10-Tage-Linie (DAX)

Abb. 4.6 - 38-, 90- und 200-Tage-Linie (DAX)

Durchschnitte weiterentwickelt. Beim Standardmodell wird bei der Berechnung jeder Kurs gleich gewichtet. Bei der 200-Tage-Linie hat etwa der letzte Kurs dasselbe Gewicht wie der Kurs vor 200 Tagen. Dieses Berechnungsmodell hat die bereits angesprochene zeitliche Verzögerung zum Kursverlauf zur Folge, eine Eigenschaft, die man nie eliminieren, aber zumindest abmildern kann. Um diesen Nachlauf zu verringern, hat man die Kursdaten innerhalb des Berechnungszeitraums gewichtet.

Dahinter steckt die Logik, dass neuere Kurse ein größeres Gewicht im Ergebnis haben sollten als die älteren Daten. Daher wurden sogenannte

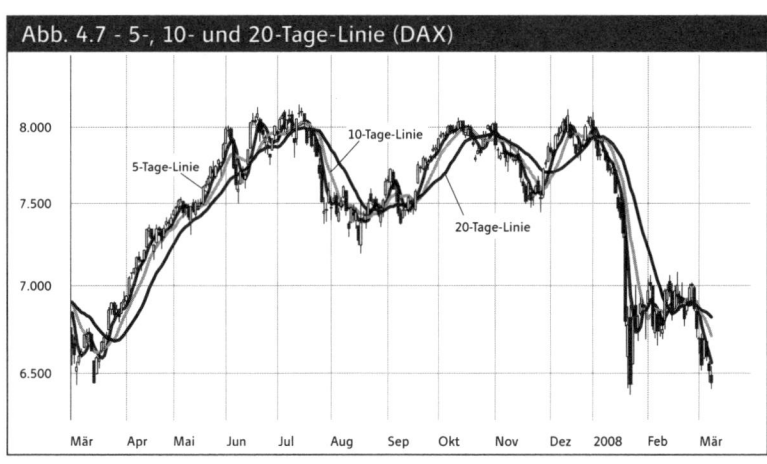

Abb. 4.7 - 5-, 10- und 20-Tage-Linie (DAX)

linear gewichtete Durchschnitte (WMA: Weighted Moving Average) in der Technischen Analyse etabliert. Der Gewichtungsfaktor verändert sich bei diesem Indikator vom Anfang bis zum Ende des Berechnungszeitraums gleichmäßig, wobei der aktuelle Kurs das höchste Gewicht erhält und der am weitesten zurückliegende das niedrigste Gewicht.

Dadurch erhält man einen ebenso weichen, geglätteten Verlauf wie beim SMA mit dem Unterschied, dass die linear gewichtete Durchschnittslinie enger am Kursverlauf verläuft, wie Abbildung 4.8 zeigt. Es ist deutlich zu sehen, dass der gewichtete Durchschnitt Wendepunkte im Kurs früher nachvollzieht als der einfache.

Ebenfalls erkennbar in Abbildung 4.8 ist der sogenannte exponentiell gewichtete Durchschnitt (EMA: Exponential Moving Average), der noch einen Schritt weiter geht und wesentlich komplexer ist als seine beiden einfacher gestrickten Vorgänger. Der Rechenaufwand ist zudem wesentlich höher und lässt sich ohne Computer nicht bewerkstelligen.

Beim einfachen und linearen Durchschnitt fällt mit jedem neuen Kurs, der in die Berechnung einfließt, am Ende des Berechnungszeitraums ein Kurs aus der Berechnung heraus. Bei einem 200-Tage-Durchschnitt sind also immer genau 200 Kursdaten relevant. Im Gegensatz dazu wird der EMA fortlaufend berechnet, indem zum Wert des gestrigen Durchschnitts ein gewichteter Anteil des heutigen Schlusskurses addiert wird.

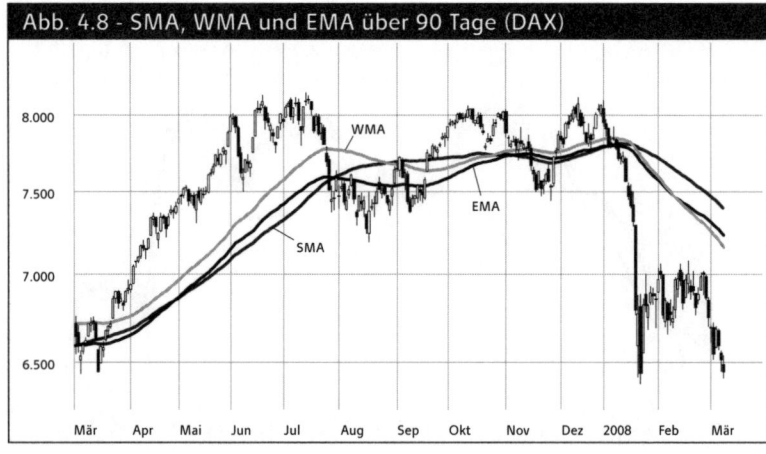

Abb. 4.8 - SMA, WMA und EMA über 90 Tage (DAX)

Dadurch sind im Prinzip alle Daten des Kursverlaufs im aktuellen Durchschnittswert enthalten. Je länger sie zurückliegen, umso stärker geht deren Gewichtung gegen Null. Die Reaktion auf den tatsächlichen Kursverlauf ist durch die exponentielle Gewichtung ebenfalls schneller. Der Durchschnitt verläuft damit oft näher am Kurs, wobei der Vorteil gegenüber dem linear gewichteten Durchschnitt eher gering ist.

Die Berechnung der Durchschnittslinien

Der Vollständigkeit halber gehe ich noch kurz auf die mathematischen Formeln der einzelnen Durchschnitte ein, wobei Sie diesen Teil auch überspringen können, um sich der Signallogik hinter den gleitenden Durchschnitten zu widmen. In jedem vernünftigen Chartprogramm und auf jeder professionellen Internetseite mit Chart-Tool können Sie die Auswahl zwischen SMA, WMA oder EMA in aller Regel per Mausklick tätigen und müssen nicht selbst den Taschenrechner zücken. Zum besseren Verständnis ist die genaue Rechenweise für den einen oder anderen vielleicht nützlich. Die Berechnung des SMA ist dem Namen entsprechend einfach durchzuführen. Er ergibt sich aus der Summe der Schlusskurse $\Sigma Close(n)$ dividiert durch die Anzahl an Handelstagen (n) im Berechnungszeitraum.

Die Formel für den SMA lautet:

$$SMA(t) = \frac{\Sigma(Close)(n)}{n}$$

n = Berechnungsperiode; t = Ausgangspunkt des Betrachtungszeitraums

Der linear gewichtete Durchschnitt ist ähnlich einfach zu berechnen. Zunächst wird der Zeitraum festgelegt, über welchen der WMA berechnet werden soll, zum Beispiel über zehn Tage. Damit ist klar, der höchste Gewichtungsfaktor beträgt 10, der niedrigste 1. Der letzte Schlusskurs wird somit mit dem Faktor 10 gewichtet, der Kurs davor mit dem Faktor 9 und so weiter, bis der am weitesten zurückliegende Kurs die Gewichtung 1 erhält. Die Summe der gewichteten Schlusskurse wird anschließend durch die Summe der Gewichtungsfaktoren ΣW(n) geteilt, in diesem Beispiel also durch 55.

Die Formel für den WMA lautet:

$$WMA(t) = \frac{\Sigma[W \times Close(n)]}{\Sigma(W)(n)}$$

n = Berechnungszeitraum; W(t) = n, W(t-1) = n-1 … W(n) = 1

Die Berechnung von exponentiell gewichteten Durchschnitten ist dagegen um einiges komplexer als beim WMA und beim SMA. Auch beim EMA benutzt man zur Beschreibung Berechnungsperioden, also zum Beispiel den 50-Tage-EMA. Diese Angabe ist jedoch für den Einsteiger etwas irreführend, da sie den Eindruck erweckt, dass die Kurse der letzten 50 Tage für den 50-Tage-EMA verwendet werden. Wie einleitend beschrieben, trifft dies beim EMA jedoch nicht zu. Die Periodenangabe wird ausschließlich dazu verwendet, um den Gewichtungsfaktor zu berechnen.

Den Gewichtungsfaktor EW(t) errechnet man wie folgt:

$$EW(t) = \frac{2}{(n + 1)}$$

n = Berechnungsperiode

Sobald der Gewichtungsfaktor feststeht, kann die Berechnung des EMA angegangen werden. Die Formel für den EMA lautet:

EMA(t) = [(Close(t) - EMA(t-1)) × EW(t)] + EMA(t-1)

Rechenbeispiel mit 10-Tage-EMA:			
Tag	Kurs	Gewichtungsfaktor	EMA
10 (heute)	22,60	0,1818	20,31
9	21,90	0,1818	19,81
8	21,00	0,1818	19,34
7	19,80	0,1818	18,97
6	19,00	0,1818	18,79
5	20,30	0,1818	18,74
4	19,70	0,1818	18,40
3	19,00	0,1818	18,11
2	17,50	0,1818	17,91
1	18,00	0,1818	18,00

Bei einer Periodenlänge von zehn Tagen ergibt sich ein Gewichtungsfaktor von 0,1818. Die Differenz aus aktuellem Schlusskurs und Wert des EMA am Vortag wird mit dem Gewichtungsfaktor multipliziert. Das Ergebnis wird schließlich zum Wert des EMA vom Vortag addiert.

Signallogik von gleitenden Durchschnitten

Grundsätzlich können Signale auf zweierlei Art generiert werden. Viele Trader nutzen nur einen einzigen Durchschnitt, um Handelssignale zu erhalten. Egal welche Periode oder welchen Durchschnitt Sie wählen, es kommt immer wieder zu Schnittpunkten zwischen dem Kursverlauf und dem Moving Average. Daraus lässt sich bereits die erste Signalwirkung ableiten. Wenn der Chart den Moving Average von oben nach unten schneidet, gilt der Aufwärtstrend als beendet, es liegt ein Verkaufssignal vor. Schneidet der Chart die Durchschnittslinie von unten nach oben, verhält es sich entsprechend umgekehrt, es wird ein Kaufsignal generiert. Dieses Modell wird auch als einfaches Moving-Crossover-Modell bezeichnet.

Je kürzer Sie dabei die Periode wählen, desto häufiger werden auch entsprechende Signale produziert. Das hat zwar den Vorteil, dass Signale früher kommen als bei langen Durchschnitten, die Zahl der Fehlsignale steigt jedoch mit sinkender Periodenlänge. Die Kunst besteht darin, eine Periodenlänge zu finden, die früh genug Signale liefert und gleichzeitig wenig Fehlsignale produziert.

Abbildung 4.9 zeigt den DAX seit 2006 mit einer einfachen 50-Tage-Linie, welche die Trendänderungen im Index relativ früh anzeigt. Dabei wird deutlich, dass der Durchschnitt in stabilen Trendphasen ein überaus profitabler Indikator ist. Für die Rallye von Juli 2006 bis März 2007 hat er ebenso früh ein Kaufsignal generiert wie für die dynamische Aufwärtsbewegung von April 2007 bis Juli 2007. Das Verkaufssignal im März 2007 hätte dagegen zu einem kleinen Verlust geführt, wenn man ihm auf der Short-Seite gefolgt wäre. Was bei diesem Chart ebenfalls heraussticht, ist die Häufung der Fehlsignale, wenn der Markt keine klare Richtung hat, was vor allem in der Zeit von August 2007 bis Dezember 2007 der Fall war. Hätte man alle Signale gehandelt, wäre zwar kein großer Verlust entstanden, etwas draufgezahlt hätte man aber auf jeden Fall.

Es empfiehlt sich bei dieser Signallogik auch, das Ganze nur auf Schlusskursbasis zu betrachten. Anfang Dezember 2006 etwa unterschritt der DAX seine 50-Tage-Linie kurzzeitig intraday, der Schluss-

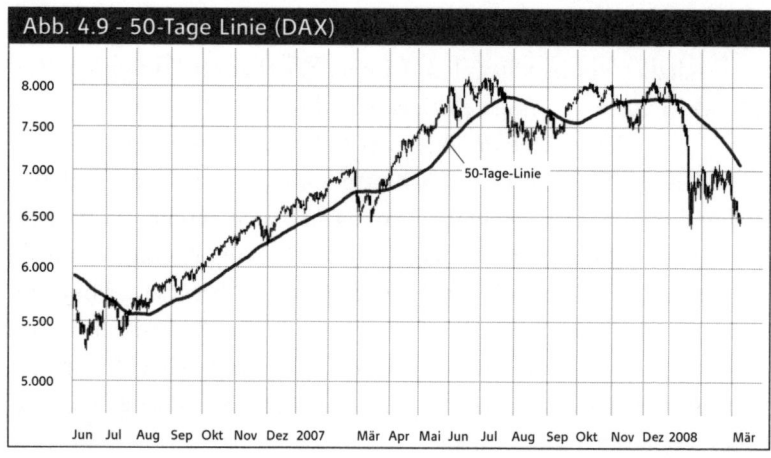

Abb. 4.9 - 50-Tage Linie (DAX)

50-Tage-Linie

kurs lag jedoch wieder deutlich darüber. Wer diesem Intraday-Signal gefolgt wäre, hätte sich grün und blau ärgern müssen. Die Jahresanfangsrallye 2007 brachte noch einmal einen deutlichen Kursgewinn.

Beachten Sie bei der Anwendung dieser Systematik auch, dass die Signale umso stärker zu interpretieren sind, wenn nach dem Durchkreuzen des Durchschnitts auch der Durchschnitt selbst in Richtung des neuen Trends dreht. Ein Negativbeispiel vor diesem Hintergrund ist das Verkaufssignal im März 2007, dem die 50-Tage-Linie nie gefolgt ist. Sie hatte sich lediglich kurzzeitig abgeflacht.

Festzuhalten bleibt damit Folgendes: Lange Durchschnitte funktionieren besser, je länger ein Trend intakt ist. Kürzere Durchschnitte sind im Vorteil, wenn sich der Trend kurz vor der Umkehr befindet. Letztendlich entscheidend bei der Verwendung von Moving Averages ist somit nicht die Fristigkeit, sondern ob sich der Markt in einer Trendphase oder in einem Seitwärtsmarkt befindet. In einem seitwärts gerichteten Markt können die Einstellungen beim Moving Average noch so gut sein, die Wahrscheinlichkeit, dass damit Gewinne erzielt werden, ist gering. Umgekehrt ist es bei stabilen Trendmärkten einfach, die richtige Einstellung für optimale Handelssignale zu finden.

Die Verwendung eines Moving Average ist zwar einfach und funktioniert auch häufig genug, um profitabel damit handeln zu können. Ein solches System hat aber wie beschrieben auch Nachteile. Aus diesem Grund wurde eine zweite Methode entwickelt, die ebenfalls Kauf- und Verkaufssignale liefert, aber die Nachteile eines einzelnen Durchschnitts minimiert: die Kombination von zwei gleitenden Durchschnitten – die Double-Crossover-Methode.

Die Double-Crossover-Methode

Das Double-Crossover-Modell verwendet im Gegensatz zur einfachen Crossover-Methode nicht die Schnittpunkte zwischen Kursverlauf und Moving Average zur Signalerzeugung, sondern den Schnitt zweier unterschiedlicher Moving Averages. Das Modell nutzt einen längeren Durchschnitt, der für eine Glättung des Kursverlaufs sorgt und damit dem Primärtrend folgt, und einen kürzeren Durchschnitt, der den Bewegungen innerhalb dieses Trends folgt. Handelssignale entstehen dann, wenn sich die beiden Durchschnittslinien kreuzen. Schneidet der kurze den langen Durchschnitt nach oben, gilt dies als Kaufsignal. Schneidet der kurze Durchschnitt den langen nach unten, gilt dies als Verkaufssignal.

Übliche Kombinationen sind zum Beispiel die Durchschnitte über 5 und 20 Tage, 10 und 50 Tage oder 38 und 200 Tage.

Bei der 5/20-Kombination entsteht demnach ein Kaufsignal, wenn die 5-Tage-Linie die 20-Tage-Linie nach oben durchkreuzt, und ein Verkaufssignal, wenn sie unter die 20-Tage-Linie fällt. Entsprechendes gilt für das 10/50-Tage- und das 38/200-Tage-Paar.

Mit der Kombination zweier Durchschnitte erhalten Sie die Signale zwar noch etwas später als bei der ersten Methode mit einem Durchschnitt, die Zuverlässigkeit ist jedoch höher, die Zahl der Fehlsignale wesentlich geringer.

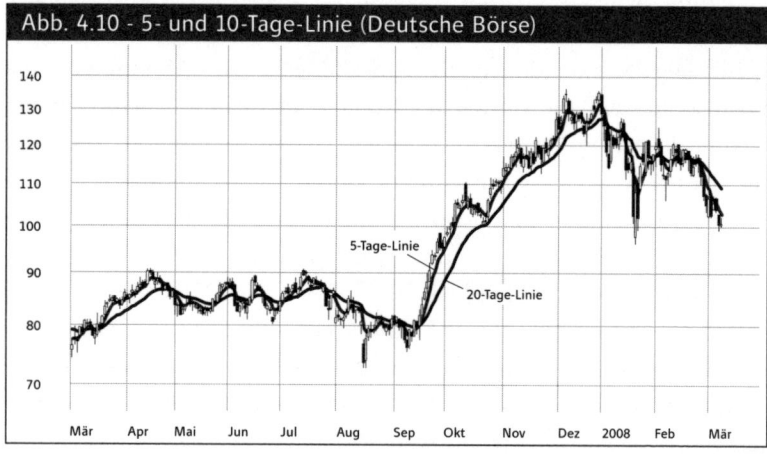

Der Chart in Abbildung 4.10 zeigt den Verlauf der Deutsche-Börse-Aktie mit einer Kombination der 5- und 20-Tage-Linien. Positiv fällt dabei auf, dass die Fehlsignale im Oktober und November 2007, die nach der einfachen Crossover-Methode mit der 50-Tage-Linie entstanden wären, durch den Einsatz von zwei Indikatoren eliminiert wurden. Die Kauf- und Verkaufssignale im September 2007 beziehungsweise Januar 2008 kamen zur richtigen Zeit. Die Schwäche der Trendfolger in Seitwärtsphasen ist aber auch beim Chart der Deutschen Börse augenscheinlich. In der trendlosen Zeit von Januar bis August 2007 produzierte auch die Double-Crossover-Methode Fehlsignale. Letztendlich hängt alles davon ab, ob Sie den Trendverlauf richtig abschätzen können. Steht dieser zweifelsfrei fest, liefert das Double-Crossover-System überaus profitable Signale, die mehrere Monate Bestand haben können.

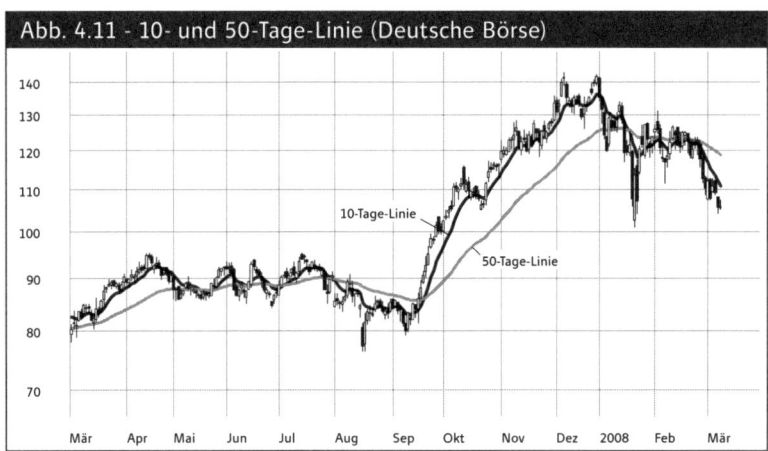

Abb. 4.11 - 10- und 50-Tage-Linie (Deutsche Börse)

Die Kombination von gleitenden Durchschnitten bildet die Basis vieler Handelssysteme. Wer mit der Charttechnik Neuland betritt, sollte mittels geeigneter Chart-Tools, egal ob im Internet oder mit dem eigenen Chartprogramm, mit den verschiedenen Einstellungsparametern bei den Moving Averages experimentieren, um einen Eindruck davon zu bekommen, wo die Möglichkeiten und Grenzen dieser Indikatorengattung liegen.

„Moving Average Convergence Divergence"-Indikator (MACD)

Wie einleitend bereits angemerkt, dient das Konzept der gleitenden Durchschnitte als Grundkonzept für eine ganze Reihe von Weiterentwicklungen. Sie alle haben das Ziel, den komplexen Charakter der Märkte besser in den Griff zu bekommen und die Analysequalität zu optimieren, sprich schneller Signale zu generieren bei gleichzeitig höherer

Zuverlässigkeit, was Fehlsignale betrifft. Eine dieser Weiterentwicklungen ist der „Moving Average Convergence Divergence"-Indikator, kurz MACD, einer der am häufigsten benutzten Indikatoren.

Der MACD erfüllt mehrere Funktionen. Er zeigt einerseits die Richtung und die Stärke eines Trends an und ist andererseits auch in der Lage, Trendwechsel anzukündigen. Aufgrund dieser universellen Eigenschaften wird er in vielen Handelssystemen als Signalgeber verwendet.

Die Konstruktion des MACD ist im Grunde simpel. Der MACD ist ein um eine Nulllinie schwankender Indikator, der die Differenz zwischen zwei unterschiedlichen gleitenden Durchschnitten (einem schnellen und einem langsamen Moving Average) abbildet. Dabei wird der Wert des langsamen Durchschnitts vom Wert des schnelleren abgezogen und als Linie dargestellt.

In der Regel werden dafür exponentielle gleitende Durchschnitte verwendet, da sich diese mit geringerer Verzögerung zum Basiswert bewegen und den Kursverlauf besser glätten. Auf die genaue Berechnung des MACD wird später noch eingegangen.

Wie der Name schon andeutet, steckt hinter dem MACD das Prinzip der Konvergenz und Divergenz. Was sich so kompliziert anhört, ist nichts anderes als die Beobachtung der Lage der beiden Durchschnitte zueinander.

Divergenz bedeutet, dass die beiden Indikatorlinien voneinander weglaufen – der Trend gewinnt an Momentum. Steigt der zugrunde liegende Kurs an, dann steigt der schnellere Moving Average natürlich früher mit als der träge. Dadurch wird die Differenz zwischen beiden Durchschnitten größer, sodass der MACD steigt.

Konvergenz bedeutet dementsprechend, dass die beiden Indikatorlinien aufeinander zulaufen, was auf einen Dynamikverlust hindeutet. Wenn der Trend an Kraft verliert oder der Wert zu konsolidieren beginnt, reagiert zunächst wieder der schnellere Moving Average. Die Differenz zwischen den beiden Durchschnitten wird wieder geringer, sodass der MACD dreht und zu fallen beginnt, noch bevor sich die Durchschnitte schneiden oder der Trend gebrochen wird.

Genau genommen ist der MACD mit seinen Eigenschaften ein Zwitter. Er hat einerseits einen trendfolgenden Charakter, da er auf gleitenden Durchschnitten basiert, die dem Basiswert folgen. Der MACD besitzt andererseits aber auch Eigenschaften eines Oszillators, da er um seine Nulllinie schwingt und Divergenzen zum Kursverlauf des Basiswerts aufzeigt. Man kann ihn daher auch nutzen, um Signale zu handeln, die er durch das Schneiden seiner Signallinie erzeugt.

Berechnung des MACD

Die Berechnung des MACD ist wie gesagt sehr einfach und soll hier lediglich zur Unterstützung des Verständnisses dienen – der MACD ist Standard in jedem Chart-Tool oder Chartprogramm. Für die MACD-Linie werden zwei unterschiedlich lange exponentielle gleitende Durchschnitte berechnet. Danach wird vom Wert des kürzeren der Wert des längeren abgezogen und das Ergebnis als Linie dargestellt. Dafür haben sich die 12-Tage-Linie für den kurzen Durchschnitt und die 26-Tage-Linie für den langen Durchschnitt als Standardeinstellung durchgesetzt. Danach wird für die MACD-Linie eine weitere Linie, die sogenannte Signallinie, als exponentieller 9-Tage-Durchschnitt berechnet. Der MACD besteht also im Grunde aus drei Linien, obwohl im Chart nur zwei angezeigt werden.

Die mathematische Formel für den MACD leitet sich aus der Berechnung des EMA aus dem Abschnitt „Gleitende Durchschnitte" ab:

$$EMA(t) = [Close(t) - EMA(t-1)] \times EW(t) + EMA(t-1)$$
$$MACD(t) = EMA1(t) - EMA2(t)$$

EMA1 stellt dabei den exponentiellen Durchschnitt über die kürzere Berechnungsperiode dar, während EMA2 dem längeren exponentiellen Durchschnitt entspricht.

Interpretation des MACD

Der MACD bietet mehrere Möglichkeiten der Interpretation. Wie im Abschnitt „Indikatorengruppen und ihre Charakteristik" bereits besprochen, dient der MACD unter anderem als Trendindikator, um die Trendrichtung des Basiswerts anzuzeigen. Die Lage der Linien oder genauer gesagt deren Abstand zueinander gibt Aufschluss über die Stärke

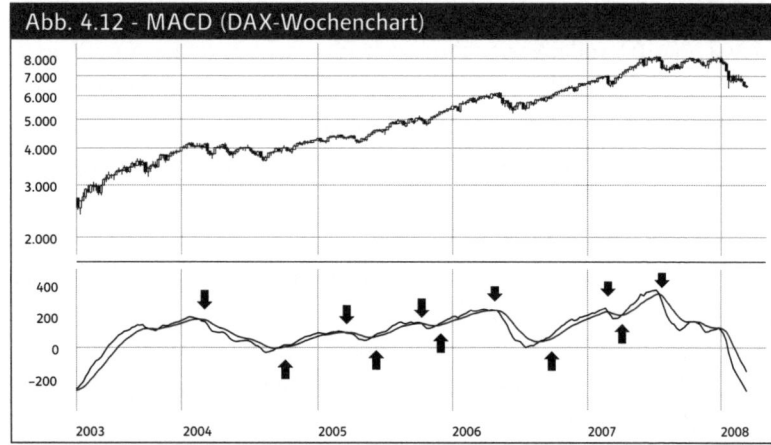

Abb. 4.12 - MACD (DAX-Wochenchart)

des Trends und signalisiert, wann die Dynamik des Trends abflacht – auf drohende Wechsel im Trend wird frühzeitig hingewiesen.

Wertvolle Dienste erweist der MACD als Signalgeber, wobei ihm seine Eigenschaft als Oszillator zugutekommt. Abbildung 4.12 zeigt den DAX auf Wochenbasis mit MACD. Die mit Pfeilspitzen markierten Schnittpunkte der MACD-Linie mit der Signallinie gelten dabei als Handelssignale.

► Ein Kaufsignal entsteht, wenn die MACD-Linie die blaue Signallinie von unten nach oben schneidet.
► Ein Verkaufssignal entsteht, wenn die MACD-Linie die Signallinie von oben nach unten schneidet.

Achten Sie dabei unbedingt auch auf die Lage der MACD-Linie zur Mittellinie. In der Literatur wird mitunter darauf verwiesen, dass die besten Kaufsignale gegeben werden, wenn die MACD-Linie möglichst weit unter der Nulllinie liegt – im Umkehrschluss somit auch die besten Verkaufssignale, wenn die MACD-Linie möglichst weit über der Mittellinie liegt. Das leuchtet insofern ein, da der MACD auch oszillatorische Eigenschaften hat, die überkaufte und überverkaufte Situationen anzeigen. Das entspricht somit einer antizyklischen Einstiegsstrategie, natürlich mit dem entsprechenden Risiko, nämlich dem, dass der

– antizyklisch erwartete – Trendwechsel noch gar nicht methodisch sicher vollzogen ist. So etwa beim DAX, als der MACD im November 2001 und November 2002 noch vor dem Bruch des Abwärtstrends Kaufsignale generiert hatte, die viel Geld gekostet hätten.

Die Erklärung dafür liegt auf der Hand. Je weiter sich der MACD von der Mittellinie entfernt, desto stärker ist der zugrunde liegende Trend. Sie würden also gegen einen starken Trend spekulieren. Hier bietet sich der Vergleich zum Fußball an: Ein Ballverlust in der gegnerischen Hälfte, wenn die eigene Mannschaft weit aufgerückt ist, führt meist zu einem Gegentor, an der Börse eben zu Verlusten. Sie sollten daher solche antizyklischen Kaufsignale immer mit anderen Indikatoren und auf Basis des grundlegenden Trendkonzepts überprüfen!

Eine Hilfe für die Signalbestätigung liefert auch der MACD selbst beziehungsweise dessen Mittellinie. Sie dient als Filter, um gültige und ungültige Signale zu unterscheiden. Wird die Mittellinie etwa von unten nach oben gekreuzt, bestätigt dies das vorausgegangene Kaufsignal. Schneiden die MACD-Linien umgekehrt die Nulllinie nach unten, wird das vorhergehende Verkaufssignal bestätigt. Das deckt sich mit der Double-Crossover-Methode, denn das Schneiden der Mittellinie im MACD bedeutet nichts anderes als das Kreuzen der beiden gleitenden Durchschnitte, auf deren Basis der MACD berechnet wird.

An dieser Stelle muss auf eine häufige Quelle von Interpretationsfehlern hingewiesen werden. Allein das Annähern an die Mittellinie lässt noch nicht auf die Ausprägung eines neuen Trendmarkts schließen. In Konsolidierungsphasen nähert sich der MACD automatisch der Mittellinie an, da sich die beiden Durchschnitte des MACD näher kommen. In einer solchen Phase läuft der MACD zwangsläufig gegen den übergeordneten Trend. Daraus allein ist noch kein Signal abzulesen! Das passiert auch, wenn der Basiswert nur seitwärts tendiert. Erst durch den Schnitt mit der Mittellinie wird der MACD wirklich wertvoll, da dann von einer nachhaltigen Richtungsänderung im Trend auszugehen ist.

Neben seiner Eigenschaft als Trendindikator und Signalgeber lässt sich der MACD auch sehr gut zur Analyse von Divergenzen nutzen. Da der MACD als Trendfolger seinem Basiswert hinterherläuft, bildet er auch dessen Hoch- und Tiefpunkte ab. Dadurch ist er auch zur Divergenzanalyse nützlich.

DIVERGENZEN

Als Divergenzen bezeichnet man in der Charttechnik Gegensätze zwischen Kursverlauf und Indikatorverlauf. Man unterscheidet positive (bullishe) und negative (bearishe) Divergenzen. Eine positive Divergenz liegt dann vor, wenn der Kurschart im Rahmen eines Abwärtstrends einen neuen Tiefpunkt unter dem vorherigen Zwischentief ausbildet, während der technische Indikator über seinem letzten Tiefpunkt bleibt. Von einer negativen Divergenz spricht man, wenn der Basiswert im Aufwärtstrend ein Hoch über dem vorherigen Zwischenhoch bildet, der Indikator jedoch unter seinem vorhergehenden Hoch bleibt.

Abbildung 4.13 zeigt den Wochenchart des DAX seit 1999. Im Dezember/Januar 2002/03 zeigt der Index eine bullishe Divergenz im MACD an. Obwohl der DAX ein weiteres Tief markierte, stiegen die entsprechenden Tiefpunkte im MACD an. Solche Divergenzen signalisieren eine Schwäche im laufenden Trend. Wenn Sie solche Divergenzen mit den vorher beschriebenen Schnittsignalen kombinieren, erhalten

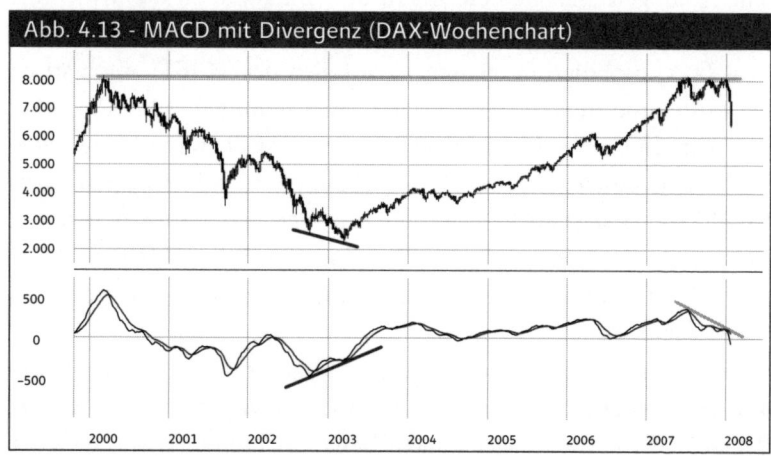

Abb. 4.13 - MACD mit Divergenz (DAX-Wochenchart)

Sie sehr zuverlässige und lukrative Handelssignale mit dem MACD. Das trifft meist auch dann zu, wenn der MACD weit von seiner Mittellinie entfernt ist. Ein antizyklischer Einstieg auf Basis von MACD-Schnittsignalen ist nach Auftreten von Divergenzen sehr zuverlässig. Dann stimmt auch die These, dass die besten Kaufsignale dann gegeben werden, wenn die MACD-Linie möglichst weit unter der Nulllinie liegt.

 MERKE:

▶ Der MACD folgt der Bewegung des Basiswerts und vollzieht dessen Hoch- und Tiefpunkte mit.

▶ Die Lage zur Nulllinie zeigt den Trend an. Im positiven Bereich liegt ein Aufwärtstrend vor, im negativen ein Abwärtstrend.

▶ Je weiter der MACD von seiner Mittellinie entfernt ist, desto stärker ist der Trend.

▶ Im positiven Bereich (über der Nulllinie) ist ein steigender MACD ein Zeichen für zunehmendes Momentum im Aufwärtstrend. Ein fallender MACD spricht dagegen für eine nachlassende Dynamik des Aufwärtstrends.

▶ Im negativen Bereich (unter der Nulllinie) ist ein fallender MACD ein Zeichen für zunehmendes Momentum im Abwärtstrend. Ein steigender MACD dagegen ist ein Zeichen für eine nachlassende Dynamik des Abwärtstrends.

▶ Divergenzen zwischen MACD und Kursverlauf weisen auf Schwächen im vorhandenen Trend hin und signalisieren bevorstehende Trendwechsel.

▶ Schnittpunkte der Mittellinie oder Schnittpunkte mit der Signallinie – möglichst nach vorangegangener Divergenz – gelten als mögliche Trendwechsel.

▶ Schnittpunkte von MACD und Signallinie oder MACD und Mittellinie gelten als Handelssignal.

Natürlich ist der MACD nicht unfehlbar. Kein Indikator ist das! Der MACD ändert zwar nicht täglich seine Richtung, aber auch er vollzieht mitunter Bewegungen, die nach Trendwende aussehen, sich aber letztendlich nicht durchsetzen. Fehlsignale lassen sich auch beim MACD nicht verhindern, was insbesondere auf trendlose Phasen zutrifft, die klassische Schwäche von Trendfolgeindikatoren. Doch das ist kalkulierbar und ändert nichts daran, dass das MACD-System nicht nur hilfreich ist, sondern auch überaus gewinnbringende Signale liefert.

Bollinger-Bänder

Wie der MACD-Indikator sind auch die sogenannten Bollinger-Bänder durch eine Weiterentwicklung der Idee der gleitenden Durchschnitte entstanden. Der Name dieses Indikators geht auf seinen Erfinder zurück, John Bollinger. Bevor auf die Bollinger-Bänder im Speziellen eingegangen wird, muss ein kurzer Schwenk in die Geschichte erfolgen.

Ausgangspunkt für die Erfindung der Bollinger-Bänder waren die sogenannten Prozent- oder Trading-Bänder, die in den 60er-Jahren Einzug in die Charttechnik hielten. Deren eigentlicher Durchbruch kam mit der Verbreitung des Computers in den 80er-Jahren, mit dessen Hilfe die Berechnung der Indikatoren grafisch dargestellt werden konnte.

Die Indikatoren, die damals entwickelt wurden, mussten mehrere Eigenschaften vereinen. Sie sollten dem Kurstrend folgen, sinnvolle Unterstützungs- und Widerstandsmarken kennzeichnen und gleichzeitig unbedeutende Schwankungen im Kurstrend eliminieren. So entstanden die sogenannten Prozentbänder oder auch Envelopes (englisch für Hülle). Solche Prozentbänder bestehen aus drei Linien. Die Basis dabei bildet ein gleitender Durchschnitt, der gleichzeitig auch die Mittellinie bildet. Durch Parallelverschiebung dieser Linie nach oben und unten – meist um einen bestimmten Prozentsatz der Mittellinie – hat man ein Konstrukt entwickelt, das den Kursverlauf mehr oder weniger einhüllt. Alle Linien folgen dabei dem Kursverlauf, wobei die obere und untere Begrenzungslinie jeweils als Unterstützungs- und Widerstandsmarke dient. Anders ausgedrückt: Dieser Indikator zeigt, wann sich der Kurs zu weit von seinem gleitenden Durchschnitt entfernt hat.

Solche Prozentbänder unterstellen, dass die Kurse in mehr oder weniger festen Abständen um ihren gleitenden Durchschnitt schwanken. Sie zeigen also an, wann die Kurse als eher hoch beziehungsweise als eher niedrig einzustufen sind.

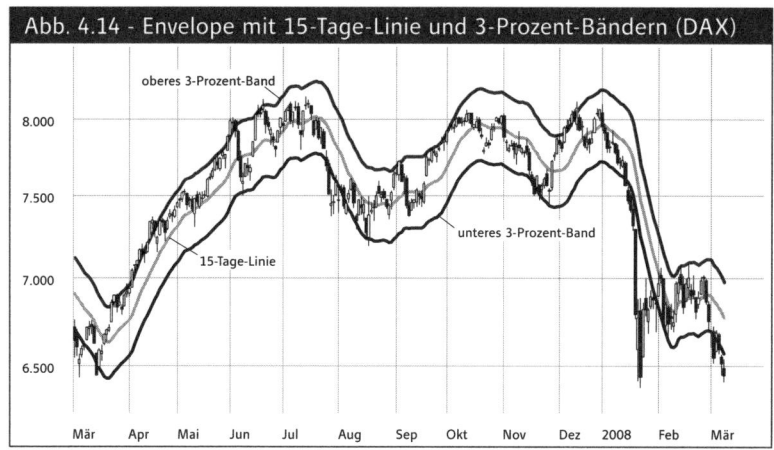

Abb. 4.14 - Envelope mit 15-Tage-Linie und 3-Prozent-Bändern (DAX)

Kurzfristig orientierte Trader nutzen dabei einen eher kurzen Moving Average von zum Beispiel 15 Tagen mit 3-Prozent-Bändern wie in Abbildung 4.14, während langfristig orientierte Anleger eher etwa zu einem 10-Wochen-Durchschnitt mit 5-Prozent-Bändern wie in Abbildung 4.15 tendieren.

Üblich ist für solche Bänder eine antizyklische Handelsstrategie. Da das obere Band als Widerstand fungiert und das untere als Unterstützung, geht man davon aus, dass die Kurse bei Erreichen dieser „Extremzonen" wieder ihre Richtung ändern und das gegenüberliegende

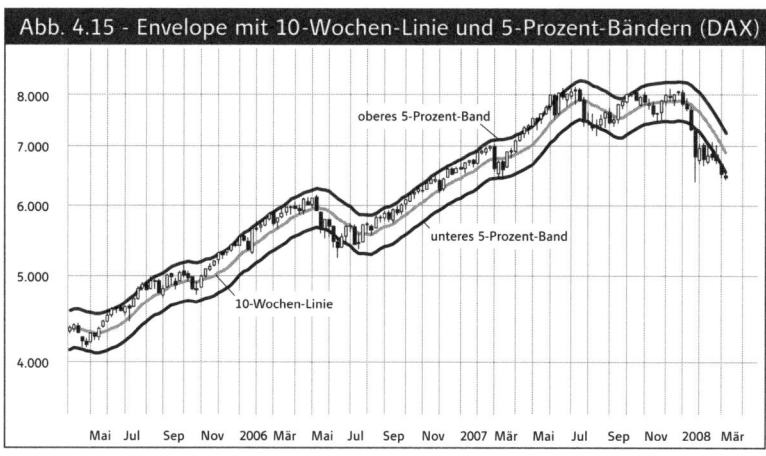

Abb. 4.15 - Envelope mit 10-Wochen-Linie und 5-Prozent-Bändern (DAX)

Band ansteuern. Erreicht der Kurs also das untere Band, wird gekauft und (im Optimalfall) am oberen Band verkauft. Diese Strategie funktioniert auch bei temporären Übertreibungen, wenn etwa das untere Band „verletzt" wird und der Kurs sogar unter das Band fällt. Dann kann man auf eine dynamische Gegenbewegung setzen – allerdings nur, wenn andere charttechnische Aspekte (andere Indikatoren, die Chartformation, Trendkanäle et cetera) nicht auf einen Trendwechsel hindeuten. In einem solchen Fall würde sich ein prozyklisches Signal ergeben. Bricht nach einer Abwärtsbewegung das obere Band und es deutet sich ein neuer Aufwärtstrend an, wäre das ein Kaufsignal. Bricht im umgekehrten Fall das untere Band, würde ein Verkaufssignal vorliegen.

Die Unterscheidung ist nicht ganz einfach. Eine scharfe Richtungsänderung der Bänder deutet eher auf einen Trendbruch hin. Wenn die Aufwärtsbewegung dagegen schon längere Zeit intakt ist, gilt „im Zweifel für den Angeklagten" – der Trend bleibt intakt und der Ausbruch aus dem Band wird wieder korrigiert. Dennoch sollten Sie die Sachlage immer durch andere charttechnische Aspekte verifizieren. Prozentbänder allein bilden keine zufriedenstellend zuverlässige Entscheidungsgrundlage.

Aus diesem Grund hat John Bollinger die Idee der Prozentbänder weiterentwickelt. Bei den Bollinger-Bändern wird wie bei den Prozentbändern ein unteres und ein oberes Trading-Band zu einem gleitenden Durchschnitt hinzugefügt. Der Unterschied zu den Prozentbändern: Für den Abstand zum gleitenden Durchschnitt wird die Standardabweichung benutzt. Die Standardabweichung ist ein statistisches Maß für die Streuung der Werte einer Variablen um ihren Mittelwert. Im Falle der Bollinger-Bänder beschreibt die Standardabweichung die Schwankung der Kurse um ihren Mittelwert – bei großer Standardabweichung schwankt der Kurs stark um seinen Durchschnitt, bei kleiner Standardabweichung nur gering. Die Standardabweichung und damit auch die Bollinger-Bänder sind somit gleichzeitig auch ein Maß für die Volatilität des Basiswerts.

In der Standardeinstellung liegt das obere Band zwei Standardabweichungen über und das untere Band zwei Standardabweichungen unter dem gleitenden Durchschnitt. Diese Einstellung kann jedoch beliebig variiert werden. Wenn Sie zwei Standardabweichungen benutzen, ist gewährleistet, dass 95 Prozent aller Kurse in den Bereich zwischen oberem und unterem Band fallen, was mehr als ausreichend ist. Doch welchen Vorteil bringt eigentlich die Nutzung der Standardabweichung? Einen zeitlichen, denn sie reagiert sehr schnell auf Veränderungen im Kurs. Eine Richtungsänderung wird ebenso zügig nachvollzogen wie eine Änderung der Volatilität. Als Trendindikator wird wie beschrieben ein gleitender Durchschnitt benutzt, der üblicherweise über 20 Tage berechnet wird.

Abbildung 4.16 zeigt den DAX mit Bollinger-Bändern in der Standardeinstellung mit 20-Tage-Linie und zwei Standardabweichungen

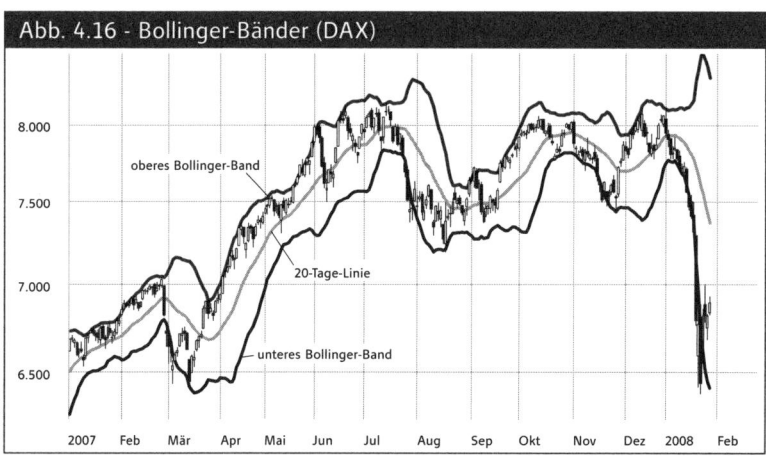

Abb. 4.16 - Bollinger-Bänder (DAX)

für das obere und untere Band. Die Kurse werden üblicherweise als überkauft angesehen, wenn das obere Band erreicht ist, und als überverkauft, wenn sie auf das untere Band treffen. Vor allem in der Seitwärtsphase des DAX seit Juni 2007 ist deutlich zu erkennen, dass die Kurse zwischen den beiden Bändern hin und her pendeln. Prallen die Kurse zum Beispiel vom unteren Band ab und durchkreuzen den gleitenden Durchschnitt (Mittellinie), wird das obere Band zum Kursziel und umgekehrt. Dabei ist wichtig, dass Sie trendlose von trendstarken Phasen unterscheiden. In einem starken Aufwärtstrend wie von Februar bis Juni 2007 beim DAX können die Kurse sehr lange am oberen Band entlanglaufen, umgekehrt im Falle eines Abwärtstrends entsprechend am unteren Band. Ein Bruch des gleitenden Durchschnitts ist in einem solchen Fall als Hinweis auf einen möglicherweise bevorstehenden Trendwechsel zu interpretieren. Dennoch kommen Sie um die Verwendung weiterer Indikatoren wie des MACD oder des RSI (Relative-Stärke-Index) nicht herum, um Brüche der Mittellinie und Ausbrüche aus den Bändern als Trendumkehr oder Trendbestätigung einstufen zu können. Am besten funktionieren Bollinger-Bänder in Verbindung mit Oszillatoren, die überkaufte beziehungsweise überverkaufte Phasen anzeigen.

Zugegeben, Bollinger-Bänder sind als Indikatoren für die Identifizierung einer Trendwende sehr schwer abzuschätzen. Dafür liefern sie aber auf eine ganz andere Art wertvolle Hinweise, nämlich über ihre Bandbreite. Im Gegensatz zu den Prozentbändern, die mit einem konstanten Abstand zueinander verlaufen, sind Bollinger-Bänder auch ein sehr guter Indikator für die Volatilität der Kursentwicklung. In volatilen Kursphasen dehnen sich die Bänder aus, der Abstand zueinander vergrößert sich. Bei niedriger Schwankung wird der Abstand dagegen geringer. Starken Kursbewegungen gehen meist Phasen mit niedriger Volatilität voraus. Stark kontrahierte Bänder sind daher ein zuverlässiges Zeichen, dass bald eine deutliche Kursreaktion zu erwarten ist. Das kann eine Trendumkehr sein, aber auch ein Ausbruch aus einer Konsolidierungsformation. Einziges Manko: Die Richtung des Ausbruchs können sie nicht anzeigen.

Umgekehrt sind Bereiche mit weit auseinander liegenden Bändern zumindest als Warnsignal anzusehen. Das ist ein sicheres Zeichen, dass sich die vorangegangene Kursbewegung abschwächt und eine Trendwende oder eine Konsolidierung folgt. Beide Argumente lassen sich anhand von Abbildung 4.17 nachvollziehen. Je weiter sich die Bollinger-Bänder bei Volkswagen ausdehnten (je höher die Volatilität), desto näher rückte die Konsolidierung. Andererseits schön erkennbar sind die Bereiche mit niedriger Volatilität und engen Kursbändern, die sich unmittelbar vor dem Ausbruch noch einmal deutlich verengt hatten.

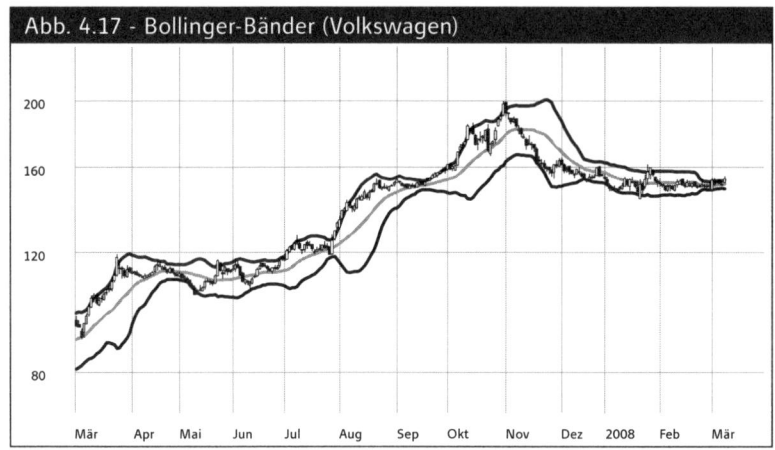

Abb. 4.17 - Bollinger-Bänder (Volkswagen)

MERKE:

▶ Die Kurse pendeln innerhalb der Bänder, die zur Bestimmung von Kurszielen benutzt werden können.

▶ In trendlosen Phasen sind die Bänder als Widerstands- und Unterstützungszonen zu sehen, wobei Ausbrüche als Trendwechselsignale zu interpretieren sind.

▶ In trendstarken Phasen bewegen sich die Kurse am oberen (Aufwärtstrend) oder am unteren (Abwärtstrend) Band entlang. Der gleitende Durchschnitt fungiert dann als Unterstützungs- oder Widerstandslinie.

▶ Die Breite der Bänder ist ein Indikator für die Volatilität des Kursverlaufs.

▶ Eine Verengung der Bänder in Konsolidierungsphasen deutet auf eine bevorstehende deutliche Kursbewegung hin.

Nachdem nun die wichtigsten Trendfolgeindikatoren besprochen wurden, zum Abschluss dieses Abschnitts noch einmal der Hinweis: Trendfolgeindikatoren laufen dem Trend hinterher. Liegt also kein Trend vor, sind sie nur mit großen Einschränkungen zu gebrauchen, während sie in stabilen Trendphasen wertvolle Signale liefern.

Oszillatoren

Die Schwäche der Trendfolgeindikatoren gleicht die zweite große Indikatorengruppe aus – die Oszillatoren, die wir im folgenden Abschnitt genauer betrachten werden. Gerade in trendlosen, seitwärts gerichteten Märkten sind Oszillatoren extrem wertvoll. Sie ermöglichen es, auch in solchen Phasen zu profitieren. Ihr Nutzen beschränkt sich dabei aber nicht ausschließlich darauf. Auch in Trendmärkten sind Oszillatoren ein nützlicher Signalgeber, indem sie auf Extremsituationen in der Kursbewegung, wenn ein Wert sozusagen überkauft oder überverkauft ist, aufmerksam machen oder anzeigen, dass sich ein Trend seinem möglichen Ende nähert, wenn sich Divergenzen bilden.

Oszillatoren in Trendphasen

Wenn Sie Oszillatoren in Verbindung mit einem Trend benutzen, müssen Sie einen wichtigen Punkt beachten. Die grundlegende Trendanalyse – und damit wären wir wieder beim Trendkonzept aus dem Grundlagenteil – ist den Oszillatoren übergeordnet. Mit anderen Worten: Es wird nur in Richtung des übergeordneten Markttrends gehandelt. In Trendmärkten kann es nämlich passieren, dass Oszillatoren sich über eine sehr lange Zeit in ihrer Extremzone aufhalten. Bei einer Haussephase können sie sogar bis zu mehrere Wochen im überkauften und bei einer Baissephase im überverkauften Bereich verharren. Wenn man in einer solchen Situation zu früh Gewinne mitnimmt, ist das die eine Sache. Schlimm wird es, wenn man aufgrund der Extremsituation auf die Gegenseite wechselt, was teuer werden kann. Deshalb noch einmal der wichtige Grundsatz für Trendphasen: Trading nur in Trendrichtung!

Allgemeine Interpretation von Oszillatoren

Die Interpretation von Oszillatoren ist bei den einzelnen Typen im Grunde ähnlich. Wenn ein Oszillator eine Extremzone erreicht, bedeutet das im Allgemeinen, dass die Kursbewegung übertrieben und eine Korrektur fällig ist. Die logische Konsequenz daraus: Ein Trader sollte kaufen, wenn der Oszillator sich im unteren Extrembereich befindet, und verkaufen, wenn er den oberen Bereich erreicht. Oszillatoren mit

Mittellinie generieren Signale, wenn sie diese Linie kreuzen. Wie diese allgemeinen Regeln im Detail bei den verschiedenen Typen eingesetzt werden, wird im Folgenden genau erläutert.

Relative-Stärke-Index (RSI)

Einer der wohl populärsten Technischen Indikatoren ist der Relative-Stärke-Index (RSI), der zur Standardausrüstung in jedem Chart-Tool und bei jeder Standardsoftware für Charttechnik gehört. Beachten Sie dabei, dass der Begriff Relative Stärke häufig in einem anderen Kontext verwendet wird. Wenn man zum Beispiel ausdrücken will, dass eine Aktie sich im Vergleich zu ihrem Index besser entwickelt oder bei Kursverlusten besser hält, dann spricht man zwar auch von Relativer Stärke, mit dem RSI hat dies jedoch nichts zu tun.

Der RSI vergleicht lediglich das Ausmaß von Kursverlusten mit den Kursgewinnen einer bestimmten Periode. Aus diesem Grund gilt er auch als Indikator für das Momentum einer Kursbewegung. Auch wenn Sie die Formel für die Berechnung des RSI im Grunde nie anwenden müssen, möchte ich allein aus Verständnisgründen kurz darauf eingehen. Sie lautet:

$$RSI \;=\; 100 \;-\; \frac{100}{(1+RS)}$$

RS bezeichnet die Relative Stärke und wird gebildet, indem man den Durchschnitt der Schlusskurse mit steigenden Kursen durch den Durchschnitt der Schlusskurse mit fallenden Kursen teilt – und das über einen definierten Zeitraum.

Als Formel ausgedrückt:

$$RSI \;=\; \frac{\text{Durchschnitt der Schlusskurse von x Tagen mit steigenden Kursen}}{\text{Durchschnitt der Schlusskurse von x Tagen mit fallenden Kursen}}$$

Als Standardeinstellung werden 14 Tage verwendet, für Wochencharts entsprechend 14 Wochen und so weiter. Man addiert also alle Kursveränderungen an Tagen mit steigenden Schlusskursen und teilt die Summe in der Standardeinstellung durch 14. Man ermittelt so einen einfachen 14-Tage-Durchschnitt der steigenden Tage. Anschließend wiederholt man das Prozedere entsprechend für die Kursveränderungen an Tagen mit fallenden Kursen. Der Quotient aus den beiden 14-Tage-Durchschnitten ist die Relative Stärke (RS), die dann nur noch in die Formel für den RSI eingesetzt werden muss. Die Periode für den Durchschnitt ist variabel. Je kürzer, desto empfindlicher wird der RSI und desto ausgeprägter sind die Amplituden des Indikators.

Interpretation des RSI

Die Skala des RSI reicht von 0 bis 100 und wird in zwei Extremzonen geteilt. Die Zone oberhalb von 70 Indexpunkten markiert den überkauften Bereich, während die Zone unter 30 den überverkauften Bereich kennzeichnet. Der RSI kann dabei auf zweierlei Weise Signale generieren: durch die Lage des Indikators unter Berücksichtigung der 30er- und 70er-Marke und über Divergenzen.

Divergenzen zwischen RSI und Kursverlauf gelten als sehr zuverlässiges Signal. Bullishe Divergenzen werden dabei auch als Bottom Failure Swing bezeichnet, während bearishe Divergenzen auch Top Failure Swing genannt werden.

In Abbildung 4.18 zeigt der DAX eine bullishe Divergenz (Bottom Failure Swing). Charakteristisch dafür ist der Abwärtstrend des Basiswerts, in diesem Fall des DAX. Im Chart wird deutlich, dass der RSI das zweite (tiefere) Tief im Kursverlauf nicht mehr nachvollzieht. Der RSI folgte dem Abwärtstrend zwar zunächst in die Überverkauft-Zone, das zweite Tief hat er aber nicht mehr bestätigt und kehrte nicht mehr in die Extremzone zurück. Solche Divergenzen sind ein zuverlässiges Zeichen für eine Abschwächung des Trends. Der RSI gibt auch relativ früh ein Kaufsignal, wenn er über den höchsten Punkt zwischen seinen beiden Zwischentiefs innerhalb des Kursmusters steigt.

Abbildung 4.19 zeigt das Gegenstück zum Bottom Failure Swing, einen Top Failure Swing im Dow Jones Industrial Average. Diese bea-

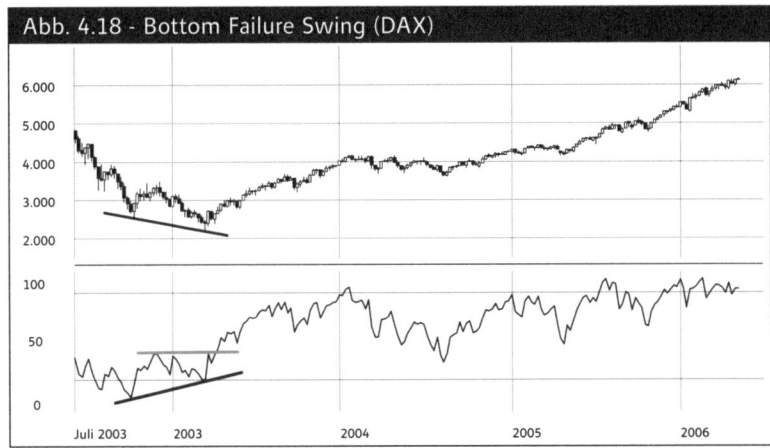

Abb. 4.18 - Bottom Failure Swing (DAX)

rishe Divergenz tritt klassischerweise am Ende von Aufwärtstrends auf. Typisch bei diesem Beispiel: Während der Dow Jones einen neuen Hochpunkt markierte, bildete der RSI keinen neuen Hochpunkt in der Extremzone. Der Indikator zeigte stattdessen eine fallende Tendenz und damit eine Schwäche im Trend des Dow Jones. Der Bruch unter das Zwischentief im RSI gilt damit als Verkaufssignal.

Die zweite Signalquelle erzeugt der RSI in Verbindung mit den Begrenzungsmarken bei 30 und 70 Punkten. Dringt der Indikator zum Beispiel in die obere Extremzone über die Marke von 70 vor und dreht

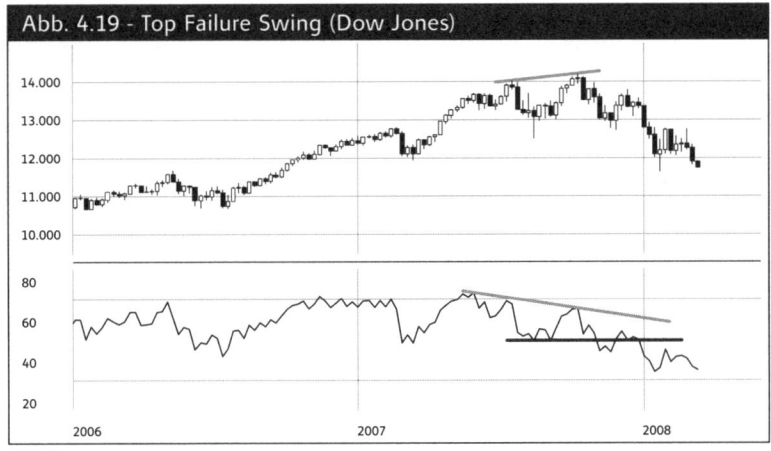

Abb. 4.19 - Top Failure Swing (Dow Jones)

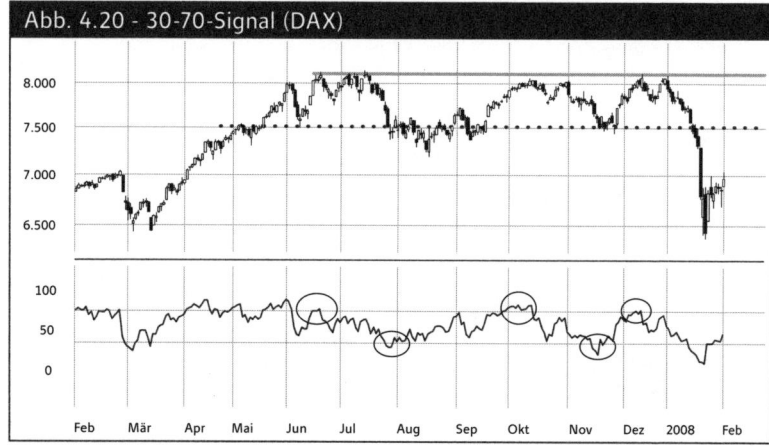

Abb. 4.20 - 30-70-Signal (DAX)

dort wieder nach unten, so gilt das Kreuzen der 70er-Linie nach unten als Verkaufssignal.

Umgekehrt: Fällt der RSI unter die Marke von 30 und dreht dann nach oben, gilt dies als Kaufsignal. Dabei handelt es sich um eine Signallogik, die vor allem Day-Trader nutzen. Diese Vorgehensweise funktioniert aber nur in Seitwärtsbewegungen des Basiswerts, wie in Abbildung 4.20 zu erkennen ist. In starken Trendphasen liefert der RSI diesbezüglich zu viele Fehlsignale gegen die Trendrichtung. Gerade wenn starke Trendphasen vorliegen, reicht der RSI, wie eingangs schon

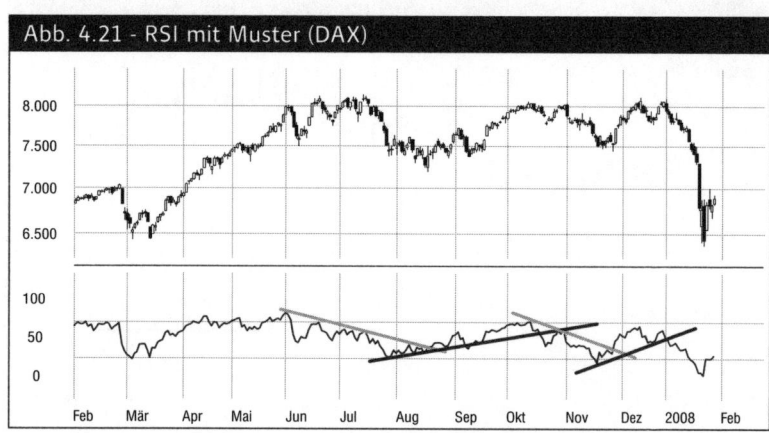

Abb. 4.21 - RSI mit Muster (DAX)

erwähnt, allein nicht aus, um bestehende Positionen zu schließen oder gar auf die Gegenseite zu wechseln.

Abbildung 4.21 zeigt zudem eine weitere Möglichkeit, mit der sich über den RSI Signale ableiten lassen. Wie bei herkömmlichen Charts können Sie Trendlinien, Widerstands- oder Unterstützungslinien in den RSI einzeichnen. Selbst bestimmte Muster sind denkbar, die aufgrund der Konstruktion des RSI jedoch sehr unscharf sind. Die Logik hinter solchen Mustern, Trend- und Unterstützungslinien ist dieselbe wie bei normalen Charts. Sie erhalten entsprechende Handelssignale beim Bruch von Widerstands-, Unterstützungs- oder Trendlinien. Das funktioniert häufig sehr effektiv und die Signale kommen frühzeitig genug, um davon auch monetär profitieren zu können.

Wie bei fast allen Indikatoren hängt die Einstellung der Periodenlänge vom Anlagehorizont ab. Kurzfristig orientierte Trader werden mit der Standardeinstellung von 14 Tagen (Wochen) wenig Freude haben, da der RSI hier nur wenige Signale generiert. Man nutzt daher oft kürzere Periodenlängen, wie in den Abbildungen 4.20 und 4.21 etwa über neun Tage – besonders aktive Händler wählen auch Spannen von fünf oder sieben Tagen. Letzten Endes ist die Frage nach der richtigen Periode von der Aktivität des Traders abhängig. Für einen Anfänger wird es zunächst ausreichen, Erfahrungen mit den Standardwerten zu sammeln. Interessanter ist es jedoch, diese zu verfeinern, um eine eigene Methodik zu entwickeln.

 MERKE:

- ▶ Der RSI ist ein Indikator, der das Kursmomentum in einer Skala zwischen 0 und 100 misst.
- ▶ Die horizontalen Linien bei 30 und 70 markieren zwei Extremzonen. Bei Werten über 70 gilt der Kurs als überkauft, bei Werten unter 30 als überverkauft.
- ▶ Als Oszillator ist der RSI vor allem für trendlose Phasen geeignet.
- ▶ Kreuzt der RSI in Seitwärtsphasen die 30- und 70-Punkte-Marke, entstehen Handelssignale. Schneidet der RSI die 30er-Linie von

unten nach oben, wird ein Kaufsignal generiert. Schneidet er die 70er-Linie nach unten, ist dies ein Verkaufssignal.

▶ In starken Trendphasen deuten Divergenzen auf eine Abschwächung des Trends hin.

Stochastik

Noch verbreiteter als der im vorhergehenden Abschnitt beschriebene Relative-Stärke-Index ist der Stochastik-Oszillator. Kaum ein Software-Tool verzichtet auf diesen Indikator. Daher möchte ich auch ausführlich auf dessen Berechnung und natürlich auch auf seine Interpretation eingehen. Ähnlich wie beim RSI gibt es auch beim Stochastik eine Überkauft- und eine Überverkauftzone. Dennoch gilt für den Stochastik natürlich auch das, was für alle anderen Indikatoren gilt: Er sollte trotz seiner Vorteile nie als alleingültiges Instrument, sondern immer in Verbindung mit anderen Indikatoren und charttechnischen Analysetechniken verwendet werden. Grundlegend für jede Kauf- und Verkaufsentscheidung ist immer die Frage nach dem Trend.

Der Stochastik-Oszillator zeigt uns, wo sich innerhalb der Handelsspanne einer bestimmten Periode der aktuelle Schlusskurs befindet. Klingt etwas kompliziert, ist aber sehr einfach. Dazu werden beispielsweise Höchst- und Tiefstkurs der letzten fünf Tage ermittelt. Der Stochastik zeigt demnach an, ob der letzte Schlusskurs in der Nähe des 5-Tage-Hochs oder des 5-Tage-Tiefs liegt. Die Idee dahinter: In einem Aufwärtstrend tendieren die Schlusskurse dazu, in der Nähe des Tageshöchstkurses zu liegen, in einem Abwärtstrend eher in der Nähe des Tiefs. Daher kann es auch sein, dass der Indikator sich für längere Zeit in einem Extrembereich aufhält – bei einem ausgeprägten Aufwärtstrend im oberen (überkauften) Bereich, bei einem ausgeprägten Abwärtstrend im unteren (überverkauften) Bereich. In solchen Phasen ist es daher nicht möglich, anhand des Stochastik die Hochs und Tiefs im Chart genau zu erwischen. Innerhalb von Seitwärtsphasen ist dies jedoch machbar. Die Signale des Stochastik-Oszillators sollten daher bei Vorliegen eines stabilen Trends nur in Richtung des Trends gehandelt werden.

Berechnung des Stochastik-Oszillators

Eine eigene Berechnung des Stochastik-Oszillators müssen Sie im Normalfall nicht durchführen. Der Vollständigkeit halber möchte ich an dieser Stelle dennoch kurz darauf eingehen, was dem besseren Verständnis sicher nicht schaden kann. Der Stochastik-Oszillator besteht im Grunde aus zwei Komponenten: Zuerst wird der sogenannte Fast Stochastik ermittelt, aus der wiederum der sogenannte Slow Stochastik abgeleitet wird. Der Unterschied zwischen beiden wird im Folgenden deutlich.

Zur Fast-Stochastik-Berechnung wird die Differenz aus dem aktuellen Schlusskurs (Ct) und dem niedrigsten Kurs (Ln) der betrachteten Periode gebildet. Dieser Wert wird anschließend durch die ermittelte Handelsspanne (Hn-Ln) geteilt. Dieser Quotient multipliziert mit 100 ergibt den Stochastik (%K).

Die vollständige Formel lautet somit:

$$\%K \ = \ 100 \times \left\{ \frac{(Ct\text{-}Ln)}{(Hn\text{-}Ln)} \right\}$$

Die Variable n beschreibt dabei die Länge des Betrachtungszeitraums. Üblich ist es, Perioden zwischen 5 und 20 Tagen zu wählen. Standardvorgabe bei Tagescharts sind fünf Tage.

Das Ergebnis dieser Rechnung ist eine Linie, die zwischen 0 und 100 um ihre Mittellinie bei 50 schwankt. Zusätzlich werden zwei Extremzonen markiert: Werte ab 80 gelten als überkauft, Werte unter 20 als überverkauft. Verläuft der Fast Stochastik also nahe an der oberen Grenze bei 100, wird auch der Basiswert nahe dem Periodenhoch gehandelt. Umgekehrt, liegt der Fast Stochastik in der Nähe des 0-Werts auf der Skala, notiert der Basiswert nahe dem Periodentief.

Zusätzlich zur %K-Linie ist eine zweite Linie zu ermitteln – die sogenannte Signallinie, die als %D bezeichnet wird. Die Signallinie ist ein einfacher Durchschnitt von %K über standardmäßig drei Perioden, zum Beispiel drei Tage.

Beide Linien, %K und %D, ergeben gemeinsam dargestellt den sogenannten Fast Stochastik. Sie werden feststellen, dass diese Basisrechnung des Stochastik im Ergebnis sehr volatil ist, was eine Interpretation erschwert. Daher wird aus dem Fast Stochastik eine geglättete langsamere Version ermittelt, um im Ergebnis den Slow Stochastik zu erhalten. Die Glättung erfolgt wie üblich durch Bildung eines Durchschnitts. Die Signallinie %D des Fast Stochastik ist ja bereits ein Durchschnitt, der erste Schritt ist also bereits erledigt. Um den Slow Stochastik zu erhalten, muss also nur die %K-Linie ausgeblendet werden. Übrig bleibt damit die %D-Linie des Fast Stochastik, die gleichzeitig als %DS-Linie bezogen auf den Slow Stochastik bezeichnet wird. In manchen Tools kann es sein, dass Sie verwirrenderweise auch als %K-Linie geführt wird, dann haben Sie aber in der Regel die Möglichkeit, vorher eine Auswahl zu treffen, ob Sie sich den schnellen oder den langsamen geglätteten Stochastik anzeigen lassen wollen.

Im Übrigen ist der Slow Stochastik schon anhand des Verlaufsmusters zu erkennen. Es ist viel weicher und weniger volatil und lässt sich daher auch besser interpretieren. Dazu muss jedoch noch die Signallinie ermittelt werden, welche ebenfalls einem Durchschnitt über in der Regel drei Perioden entspricht. Die Signallinie des Slow Stochastik hat die Bezeichnung %DDS.

Die einzelnen Parameter – den Berechnungszeitraum und die Glättung – können Sie beliebig verändern und auch in allen Zeitebenen (Tages-, Wochen-, Monatscharts) einsetzen. In den gängigen Chartprogrammen und den Tools im Internet sind dazu nur wenige Mausklicks nötig. Die Interpretation des Stochastik ist aber immer gleich.

Interpretation des Stochastik

Wenn in Wirtschaftsmagazinen oder bei Technischen Analysen die Rede vom Stochastik ist, dann ist in der Regel der Slow Stochastik gemeint, einfach aufgrund seines geglätteten und interpretationsfreundlichen Verlaufs. Daher wird auch im Folgenden nur noch vom Stochastik gesprochen, wobei der Slow Stochastik gemeint ist. Bevor Sie den Stochastik als Signalgeber einsetzen, ist es wichtig, die Frage nach dem gegenwärtigen Trend zu beantworten – womit wir wieder beim Basis-

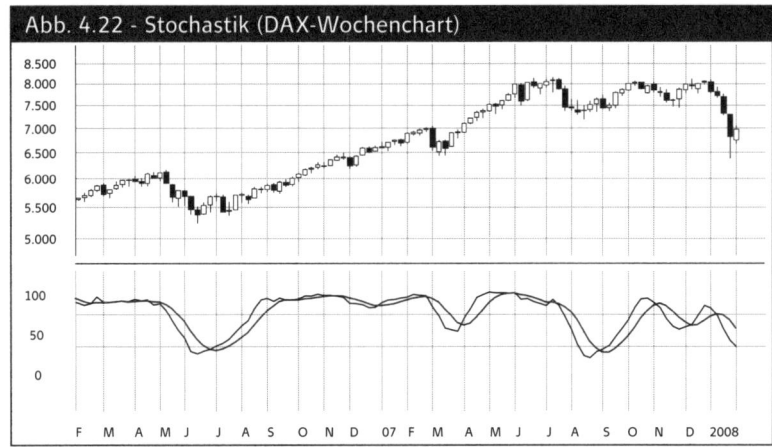

Abb. 4.22 - Stochastik (DAX-Wochenchart)

konzept wären. Es hat sich bewährt, dem Stochastik eher in Trendrichtung zu folgen als ihn antizyklisch zu interpretieren.

Wie bei allen Oszillatoren gibt es mehrere Ansatzpunkte für eine Interpretation des Stochastik. Am einfachsten ist es, die Lage des Indikators zu erkennen. In der oberen Extremzone gilt der Kurs des Basiswerts als überkauft, in der unteren Extremzone gilt er als überverkauft. Man geht allgemein davon aus, dass solche übertriebenen Bewegungen korrigiert werden und ab einem bestimmten Extremwert eine Gegenbewegung einsetzt. Bei dieser Interpretation ist das Trendthema in den Vordergrund zu stellen. Wie bereits des Öfteren beschrieben, kann es sein, dass sich der Indikator sehr lange in einer Extremzone aufhält, wenn ein dynamischer Trend vorliegt. Das zeigt sich beim DAX-Wochenchart in Abbildung 4.22 eindeutig. In Haussephasen wie beim DAX etwa von September 2006 bis Mai 2007 kann sich der Stochastik mehrere Monate in der oberen Extremzone aufhalten. Brauchbare Signale liefert er allein durch seine Lage bei solchen Rahmenbedingungen nicht.

In Seitwärtsphasen oder in schwachen Trendphasen ist die Extremwertbetrachtung durchaus nützlich. Ein gutes Beispiel dafür liefert der Wochenchart von Microsoft in Abbildung 4.23. Die Aktie pendelt seit mehreren Jahren in einer Range zwischen 25 und 35 Dollar. In diesem Falle hätte man mit diesem Interpretationsrahmen brauchbare Signale erhalten.

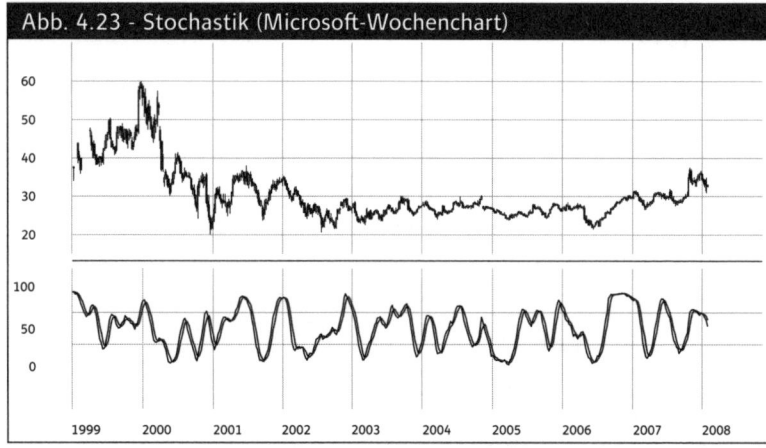

Abb. 4.23 - Stochastik (Microsoft-Wochenchart)

Zusammen mit der Signallinie bietet der Stochastik eine weitere Möglichkeit, um durch Richtungswechsel im Indikator Handelssignale zu liefern. Verändert der Basiswert seine Richtung, wechselt auch der Stochastik seine Richtung, was in Verbindung mit der Signallinie frühzeitig angedeutet wird.

Schneidet der Indikator die Signallinie nach oben, gilt dies als Kaufsignal. Schneidet der Indikator die Signallinie nach unten, gilt dies als Verkaufssignal. Die besten Signale dieser Art werden in den jeweiligen Extremzonen generiert. Kaufsignale sind demnach am zuverlässigsten, wenn sie in der unteren Extremzone erfolgen, Verkaufssignale entsprechend in der oberen. Man kann auch die Mittellinie als Abgrenzung zwischen gültigen und ungültigen Signalen zu Rate ziehen. In der oberen Hälfte sind demnach nur Verkaufssignale gültig, während in der unteren nur Kaufsignale gelten. Auch durch das Verlassen der Extremzonen oder das Kreuzen der Mittellinie sind Signale möglich. Wird die untere Extremzone nach oben verlassen, ist dies als Kaufsignal zu werten, während das Verlassen der oberen Extremzone nach unten entsprechend ein Verkaufssignal ist. Das Kreuzen der Mittellinie ist dabei als Bestätigung der vorher generierten Signale einzustufen.

Zu den wichtigsten Hinweisen, die der Stochastik liefern kann, zählen jedoch die Divergenzen zwischen Indikator und Basiswert. Wie bei allen anderen Indikatoren auch wird dabei zwischen bullishen (positiven) und bearishen (negativen) Divergenzen unterschieden. Noch einmal zur Erinnerung: Bearishe Divergenzen treten in Aufwärtstrends auf. Bildet der Basiswert steigende Hochs und der Indikator dagegen fallende Hochs aus, liegt eine negative Divergenz vor. Bullishe Divergenzen sind entsprechend in Abwärtstrends zu finden, und zwar dann, wenn der Basiswert neue Tiefs bildet, während der Indikator eine steigende Tendenz zeigt. Abbildung 4.24 zeigt eine negative Divergenz beim Dow Jones. Während der US-Leitindex im Juli und Oktober 2007 noch steigende Hochs zeigt, hat der Stochastik bereits eine fallende Tendenz eingeschlagen. Die Bestätigung dieses Warnsignals kam wenig später mit dem Bruch des Aufwärtstrends.

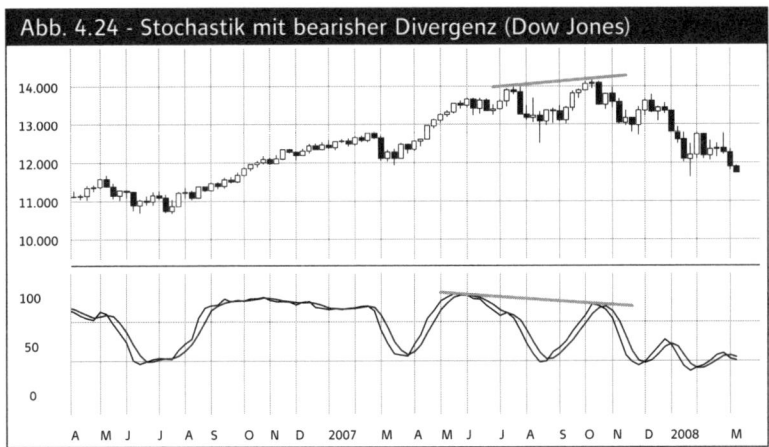

Abb. 4.24 - Stochastik mit bearisher Divergenz (Dow Jones)

Zum Abschluss des Kapitels der mittlerweile schon obligatorische Warnhinweis: Unabhängig von der Tatsache, dass der Stochastik überaus wertvolle Signale gibt, darf er, wie alle anderen Indikatoren auch, nicht als alleiniger Indikator verwendet werden. Die alles entscheidende Frage ist auch beim Stochastik die Frage nach dem Trend. Ohne vorherige Trendbestimmung sind sämtliche Indikatoren mehr oder weniger nutzlos.

▶▶ MERKE:

- ▶ Der Stochastik pendelt zwischen 0 und 100.
- ▶ Liegt die Stochastik-Linie und/oder ihre Signallinie unterhalb von 20, liegt eine überverkaufte Marktlage vor.
- ▶ Liegt die Stochastik-Linie und/oder ihre Signallinie oberhalb von 80, liegt eine überkaufte Marktlage vor.
- ▶ Verlässt der Stochastik die untere Extremzone nach oben, ist dies als Kaufsignal zu werten. Ein Verkaufssignal liegt entsprechend vor, wenn der obere Extrembereich nach unten verlassen wird.
- ▶ Das Kreuzen der Mittellinie ist eine Bestätigung der vorher generierten Signale.
- ▶ Das Auftreten von Divergenzen deutet auf eine Abschwächung des Trends hin.
- ▶ In Trendphasen sollten die Signale nur in Trendrichtung umgesetzt werden.

Commodity-Channel-Index (CCI)

Als letzten Oszillator möchte ich Ihnen den Commodity-Channel-Index näher vorstellen. Insbesondere, weil er sich zu seinen Vorgängern in wenigen, aber doch entscheidenden Punkten unterscheidet und weil er sich einer immer größer werdenden Beliebtheit erfreut. Zwar wurde der CCI von einem Rohstoffhändler für Rohstoffmärkte entwickelt – daher der Name „Commodity" –, er eignet sich jedoch für sämtliche Anlageklassen und wird in allen Zeitebenen von Monats- über Wochen- und Tagescharts bis hin zu Minutencharts gleichermaßen verwendet.

Im Gegensatz zu „herkömmlichen" Indikatoren bewegt sich der CCI nicht in einer vorgegebenen Bandbreite, seine Skalierung nach oben und unten ist offen. Dennoch können Extremzonen definiert und daraus entsprechende Schlüsse gezogen werden.

Doch zunächst zur etwas komplizierteren Berechnung des CCI, die Sie prinzipiell auch überspringen können. Dafür sind mehrere Schritte notwendig. Zuerst ist der sogenannte typische Kurs (TPt) zu ermitteln, indem aus Tageshoch (Ht), Tagestief (Lt) und Tagesschluss (Ct) ein Durchschnittskurs berechnet wird.

Die Formel dafür lautet:

$$TPt = \frac{[(Ht) + (Lt) + (Ct)]}{3}$$

Von den typischen Kursen einer festgelegten Periode n wird anschließend ein einfacher gleitender Durchschnitt (SMA) berechnet – der typische Durchschnitt (TAt):

$$TAt = \frac{\Sigma(TPn)}{n}$$

Auf Basis dieser beiden Kurse wird im dritten Schritt die durchschnittliche Abweichung (ADt) des signifikanten Kurses von seinem gleitenden Durchschnitt errechnet, als Maß für die Volatilität der Kurse:

$$ADt = \frac{\Sigma(TPn - TAt)}{n}$$

Im letzten Schritt kann dann der CCI berechnet werden:

$$CCIt = \frac{(TPt - TAt)}{(0.015 \times ADt)}$$

Der Wert 0,015 ist ein reiner Korrekturfaktor, der erreicht, dass die meisten Indikatorwerte innerhalb der Skalenwerte zwischen plus 100 und minus 100 Prozent liegen. Die Periode n, die zur Berechnung des gleitenden Durchschnitts und zur Berechnung der durchschnittlichen

Abweichung verwendet wird, ist frei wählbar. Wie üblich hat sich auch beim CCI eine Standardeinstellung etabliert, die 20 (Tage, Wochen, Monate, Stunden, Minuten) beträgt. Auch die Grenze für die Extremzone ist in den meisten Software-Tools standardisiert auf plus 100 und minus 100, aber jederzeit anders definierbar.

Interpretation des CCI

Die meisten Technischen Analysten nutzen den CCI als klassischen Überkauft/Überverkauft-Oszillator. Erreicht der CCI – ähnlich wie RSI oder Stochastik – eine Extremzone, wird dies als Hinweis für eine möglicherweise zu erwartende Gegenbewegung angesehen. Fällt der CCI also zum Beispiel unter die untere Skalenbegrenzung bei minus 100, wird das anschließende Kreuzen über diese Marke als Kaufsignal gewertet. Umgekehrt: Steigt der CCI über die Begrenzung bei plus 100 und fällt im Anschluss wieder unter diese Marke, gilt dies als Verkaufssignal. Besonders gut funktioniert diese Signallogik wie bei allen Oszillatoren in Seitwärtsphasen. In Trendphasen ist auch der CCI anfällig für Fehlsignale gegen die Trendrichtung. Er sollte in stabilen Trends daher ausschließlich in Trendrichtung eingesetzt werden.

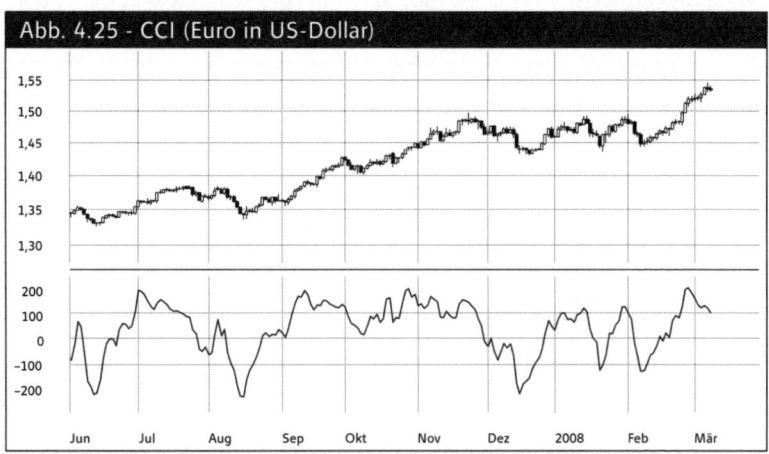

Abb. 4.25 - CCI (Euro in US-Dollar)

Die Stärken und Schwächen des CCI sind in Abbildung 4.25 deutlich ersichtlich. In der Rallyephase des Euro zwischen August und

November 2007 pendelte der Indikator um die obere Begrenzungsmarke. Wer den Verkaufssignalen in dieser Zeit gefolgt wäre, hätte im günstigsten Fall zu früh Gewinne realisiert. Wer dagegen den Verkaufssignalen mit Short-Zertifikaten oder Put-Optionsscheinen gefolgt wäre, hätte wohl eine Menge Geld verloren. Man kann es daher nicht oft genug betonen – immer mit dem Trend handeln! In der anschließenden Seitwärtskonsolidierung des Euro lieferte der CCI jedoch sehr zuverlässige Signale. Kauf- und Verkaufssignale wären für das Erzielen eines Gewinns frühzeitig genug gewesen.

Vor diesem Hintergrund eignet sich der CCI nur eingeschränkt für eine Prognose von Trendwechseln. Bei Konsolidierungsbewegungen, die in intakten Trends regelmäßig auftreten, kann der CCI sehr stark abkühlen, ohne dass damit eine Trendwendegefahr in Verbindung gebracht werden kann und sollte. Wenn der CCI eine Extremzone erreicht, sollten Sie daher mit Ihren Investments nicht gleich die Gegenseite einnehmen, sondern maximal antizyklisch Gewinne mitnehmen. In der Praxis hat es sich bewährt, mit der Grenze für die Extremzonen zu spielen. Je weiter die beiden Zonen auseinanderliegen, desto zuverlässiger werden die Überkauft/Überverkauft-Signale.

Daneben eignet sich der CCI aber auch gut als Timing-Tool, etwa wenn Sie in einen bestehenden Trend einsteigen möchten. Notiert der CCI zu diesem Zeitpunkt in seiner oberen Extremzone, wird etwas Geduld unter Umständen einen günstigeren Einstieg ermöglichen.

Zusammenfassend lässt sich festhalten, dass es *den* Superindikator nicht gibt. Auch Indikatoren sind nur ein Werkzeug in der Sammlung eines Charttechnikers. Zu wissen, wann welches Werkzeug am besten passt, ist damit unerlässlich. Mit der Lektüre dieses Buches haben Sie den Grundstein dafür gelegt, um die einzelnen charttechnischen Argumente einschätzen und zu einem Gesamtbild zusammenfügen zu können. Welche Schritte exakt dazu nötig sind und wie Sie Ihr Wissen gewinnbringend einsetzen können, lesen Sie im folgenden Abschlusskapitel.

KAPITEL 5

CHECKLISTE FÜR DEN BÖRSENERFOLG

Wie Sie im Rahmen dieses Buches erfahren haben, ist Charttechnik ein wichtiges und wertvolles Werkzeug, um an der Börse erfolgreich zu sein. Im Grunde ist die Technische Analyse ein großes Puzzle. Aus der Summe vieler Einzelteile entsteht am Ende ein Gesamtbild. Wie Sie bei der vorliegenden „Puzzleanleitung" gesehen haben, funktioniert nicht jedes Einzelteil in jeder Marktsituation gleich gut. Aber Sie wissen, wann Sie welches Werkzeug am besten einsetzen können. Im Rahmen dieses Crashkurses haben Sie sämtliche Werkzeuge kennengelernt, Sie kennen das Konzept von Trend, Unterstützung und Widerstand, die Logik von Chartmustern und Sie wissen, wie Indikatoren zu interpretieren sind. Nun liegt es an Ihnen, eine eigene Methodik zu entwickeln. Denn die Methodik entscheidet über Erfolg und Misserfolg. Wenn Sie etwa die Analysen zweier Charttechniker zu ein und demselben Basiswert lesen, werden Sie unter Umständen feststellen, dass die Analysten zu unterschiedlichen Ergebnissen kommen. Sie bedienen sich zwar aus dem gleichen Werkzeugkasten, kommen aber trotzdem zu anderen Schlussfolgerungen. Das liegt daran, dass die charttechnischen Argumente von Analyst zu Analyst unterschiedlich gewichtet werden. Einer kann zu dem Schluss kommen, dass eine Aktie verkauft werden sollte, weil beispielsweise der Relative-Stärke-Index eine überkaufte Marktlage anzeigt. Es ist jedoch auch denkbar, dass ein zweiter Analyst die Trendstärke höher einschätzt und damit das Argument der überkauften Marktlage nicht als Ausstiegssignal wertet.

Der Erfolg hängt davon ab, welche charttechnischen Werkzeuge Sie kombinieren und wie hoch Sie die einzelnen Argumente in Ihrer Analyse gewichten. Das Wort „kombinieren" ist dabei sehr wichtig, denn kein Chartmuster oder Indikator ist allein stehend zuverlässig genug, um eine halbwegs vernünftige Trefferquote zu gewährleisten. Nur die Kombination möglichst vieler Argumente führt zu einem zuverlässigen Ergebnis.

Den Grundstein, ein erfolgreicher Charttechniker zu werden, haben Sie mit der Lektüre dieses Buches bereits gelegt. Der Erfolg wird sich allerdings nicht von heute auf morgen einstellen. Dem Erlernen der theoretischen Grundlagen folgt nun das Sammeln von Erfahrungen im Umgang mit den technischen Hilfsmitteln. Sie werden im Zeitablauf mit viel Fleiß und Erfahrung automatisch „Ihre" Methodik entwickeln.

Viele Internetseiten bieten Chart-Tools an, mit denen Sie Trockenübungen durchführen können – Trends ermitteln, Widerstände und Unterstützungen suchen und sich mit der Vielzahl von Indikatoren anfreunden. Ein gutes Angebot hierfür bietet zum Beispiel www.tradesignalonline.de.

Ablaufschema für Chartanalysen

Doch bevor Sie mit Ihren Analysen loslegen, sollten Sie einen Blick auf die folgende Checkliste werfen. Die einzelnen Punkte dieser Liste sind wie ein Drehbuch für die Durchführung einer Chartanalyse und ein grober methodischer Aufbau. Vor jeder Entscheidung – ob Kauf oder Verkauf – sollten Sie jeden einzelnen Punkt durcharbeiten. Dabei werden Sie zwangsläufig – wie oben angemerkt – die einzelnen Punkte unterschiedlich gewichten und letztendlich Ihren eigenen Stil entwickeln. Aber nehmen Sie sich Zeit, denn ohne Geduld und Erfahrung geht es eben nicht.

CHECKLISTE CHARTANALYSE:

1. In welche Richtung tendiert der Gesamtmarkt?
2. In welche Richtung tendieren die einzelnen Sektoren?
3. Was sagen die Monats- und Wochencharts?
4. Wie und wo verlaufen die Primär-, Sekundär- und Tertiärtrends?
5. Wo verlaufen Unterstützungen und Widerstände?
6. Bestätigt das Umsatzvolumen die Kursentwicklung?
7. Existieren Kurslücken?
8. Welcher Typ von Kurslücke liegt vor?
9. Ist eine Umkehrformation erkennbar?
10. Ist eine Trendfortsetzungsformation erkennbar?
11. Welche Kursziele kann ich daraus ableiten?
12. In welche Richtung zeigen die gleitenden Durchschnitte und die Trendfolgeindikatoren?
13. Was sagen die Oszillatoren, sind sie überkauft oder überverkauft?
14. Sind Divergenzen erkennbar?
15. Wie sieht meine Schlussfolgerung und damit mein Handelsplan aus?

Grundregeln des Tradings

Die eigenen Finanzen zu managen gehört heutzutage sicherlich zu den wichtigsten Themen überhaupt. Wenn Sie in charttechnischer Hinsicht fit sind, haben Sie bereits einen großen Vorteil auf dem Weg, Ihre eigenen Finanzen zu managen. Sie können sich eine Meinung zu einem beliebigen Basiswert bilden, egal ob es sich dabei um eine Aktie, einen Index, einen Rohstoff oder eine Währung handelt. Das ist dann der Fall, sobald Sie in der Checkliste Chartanalyse bei Punkt 15 angekommen sind, was zweifelsfrei einer der wichtigsten Punkte ist, um einen erfolgreichen Trade zu landen. Aber: Erfolgreiches Handeln bedeutet nicht nur, sich eine Meinung zu einem Basiswert zu bilden. Die Art und Weise, wie Sie handeln, bestimmt letztendlich über Erfolg oder Misserfolg – Gewinn und Verlust.

Der typische Investor

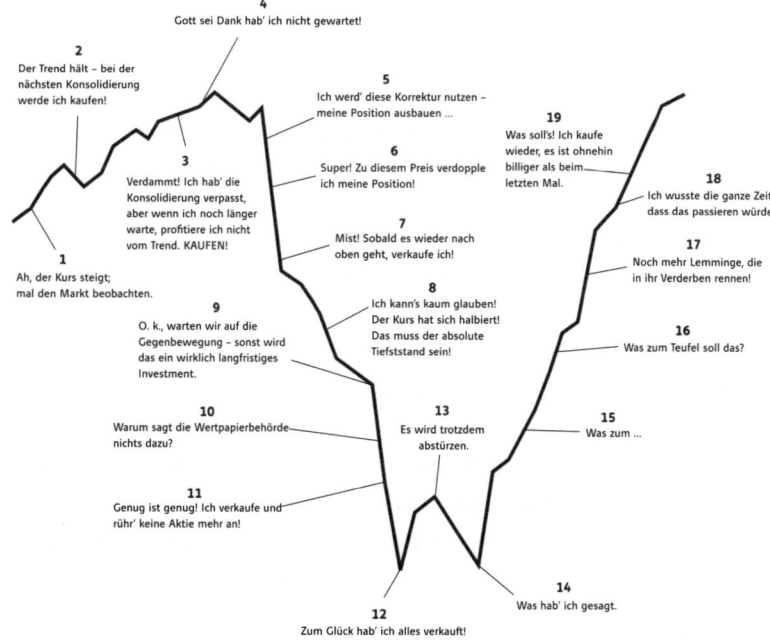

4
Gott sei Dank hab' ich nicht gewartet!

2
Der Trend hält – bei der nächsten Konsolidierung werde ich kaufen!

5
Ich werd' diese Korrektur nutzen – meine Position ausbauen ...

19
Was soll's! Ich kaufe wieder, es ist ohnehin billiger als beim letzten Mal.

3
Verdammt! Ich hab' die Konsolidierung verpasst, aber wenn ich noch länger warte, profitiere ich nicht vom Trend. KAUFEN!

6
Super! Zu diesem Preis verdopple ich meine Position!

18
Ich wusste die ganze Zeit, dass das passieren würde.

7
Mist! Sobald es wieder nach oben geht, verkaufe ich!

1
Ah, der Kurs steigt; mal den Markt beobachten.

17
Noch mehr Lemminge, die in ihr Verderben rennen!

9
O. k., warten wir auf die Gegenbewegung – sonst wird das ein wirklich langfristiges Investment.

8
Ich kann's kaum glauben! Der Kurs hat sich halbiert! Das muss der absolute Tiefststand sein!

16
Was zum Teufel soll das?

10
Warum sagt die Wertpapierbehörde nichts dazu?

13
Es wird trotzdem abstürzen.

15
Was zum ...

11
Genug ist genug! Ich verkaufe und rühr' keine Aktie mehr an!

14
Was hab' ich gesagt.

12
Zum Glück hab' ich alles verkauft!

Ein erfolgreicher Trader ist nicht unbedingt derjenige, der mit den Charts am besten umgeht. Es gehört nicht nur Wissen dazu, sondern auch eine gewisse emotionale Stärke oder emotionale Kontrolle, um nicht die Fehler eines typischen Investors wie in der obenstehenden Abbildung zu machen.

Wenn Sie an der Börse aktiv werden, müssen Sie zum Beispiel auch Verluste mit einkalkulieren – egal, wie gut Ihre analytischen Fähigkeiten sind. Niemand liegt an der Börse immer richtig. Um jedoch nicht in die emotionale Abwärtsspirale des typischen Anlegers zu geraten, sollten Sie einige grundlegende Trading-Grundsätze beachten.

1. Stellen Sie einen Handelsplan auf

Lassen Sie sich beim Ein- und Ausstieg nicht von Gefühlen leiten, sondern von den Chartsignalen. Bevor Sie diese handeln, machen Sie sich einen Trading-Plan. Definieren Sie Ihre Ziele und legen Sie fest, was Sie machen, wenn es wie erwartet läuft, aber auch, wenn es gegen Sie läuft.

Bestimmen Sie, wie viel Kapital Sie maximal verlieren wollen und wann Sie Gewinne realisieren. Mit einem Stopp können Sie die Verluste begrenzen, siehe dazu auch Punkt 5. Die Verlustbegrenzung und der Erhalt des Kapitals sind die wichtigsten Disziplinen an der Börse. Es macht keinen Sinn und es wäre tragisch, so lange an Verlustpositionen festzuhalten, bis die Börse Ihnen zuvor gemachte Gewinne wieder wegnimmt. Ziehen Sie Ihre Stopps sukzessive nach, wenn die Position in die gewünschte Richtung läuft. Denn es ist ebenso tragisch, wenn Sie einmal gemachte Gewinne wieder hergeben müssen.

2. Wählen Sie Ihre Trades sorgfältig aus

Legen Sie fest, welche Kriterien erfüllt sein müssen, damit Sie einen Trade eingehen können. Ihre Methodik bei der Chartanalyse sollte dabei ausschlaggebend sein. Handeln Sie nach dem Trend!

3. Kaufen Sie nie, ohne vorher den Chart zu prüfen

Egal, wie Sie zum Beispiel auf eine Aktie aufmerksam gemacht werden, ob durch eigene Recherchen, Ihren Bankberater, ein Aktienmagazin oder den Nachbarn, überprüfen Sie vor dem Kauf immer den Chart. Orientieren Sie sich beim Kauf und Verkauf nicht an den Fundamentaldaten, sondern am Kursverlauf, sprich an der Charttechnik. Timing ist eine charttechnische Angelegenheit. Gehen Sie die Checkliste Charttechnik durch, um einen günstigen Kauf- beziehungsweise Verkaufszeitpunkt zu ermitteln.

4. Handeln Sie nach dem Trend

Ihr Chance-Risiko-Verhältnis ist besser, wenn Sie in Trendrichtung handeln. Nutzen Sie zum Beispiel einen gleitenden Durchschnitt, um die Trendrichtung zu ermitteln, je nach Zeithorizont für längerfristige Betrachtungen etwa einen 90-Tage-Durchschnitt, für mittelfristige einen 50-Tage-Durchschnitt und für kurzfristige einen 12-Tage-Durchschnitt. Ändert sich der Trend, sichern Sie Ihr Kapital, indem Sie Stopps setzen.

5. Betreiben Sie Money-Management

Das beste Money-Management ist es, wenn Sie Verluste so schnell wie möglich realisieren. Je größer der Verlust, umso größer ist anschließend der notwendige Kursgewinn, um den Verlust wieder auszugleichen. Die Tabelle unten zeigt, welche Kursgewinne nötig sind, um das Anfangskapital wieder zu erreichen.

Schwieriger Verlustausgleich	
Abgelaufener Kapitalverlust	**Notwendiger Kursgewinn**
5 %	5 %
10 %	11 %
15 %	18 %
20 %	25 %
25 %	33 %
30 %	43 %
50 %	100 %
75 %	300 %
90 %	900 %

Ihr Hauptaugenmerk sollte daher auf dem Erhalt des Kapitals liegen. Je geringer die Verluste gehalten werden, umso geringer sind auch die zusätzlich notwendigen Gewinne, um das ursprüngliche Startkapital wieder zu erwirtschaften.

Bedienen Sie sich des Money-Managements, um Ihr Kapital zu schützen. Stellen Sie Ihre Money-Management-Regeln auf und handeln Sie danach. Beantworten Sie daher folgende Fragen:

▶ *Welchen Anteil am verfügbaren Kapital will ich investieren?*
▶ *Wie viel (Verlust) will ich von diesem Kapital bei einem einzelnen Trade riskieren?*
▶ *Welches Chance-Risiko-Verhältnis bietet der Trade?*
▶ *Lohnt es sich angesichts meiner historischen Trefferquote, den Trade einzugehen?*

Die ersten beiden Fragen können Sie anhand des zur Verfügung stehenden Kapitals beantworten. Schwieriger dagegen sind die Antworten auf die letzten beiden Fragen: Hier ist Ihre Trefferquote entscheidend, also der Anteil von Gewinntrades im Verhältnis zu Ihren Gesamttrades. Bei einer hohen Trefferquote reicht ein geringes Chance-Risiko-Verhältnis bei Ihren Trades, um zumindest das Kapital zu erhalten. Je geringer Ihre Trefferquote, desto höher muss jedoch das Chance-Risiko-Verhältnis sein.

Welche Chance-Risiko-Verhältnisse Ihre Trades in Abhängigkeit von der Trefferquote haben müssen, zeigt folgende Tabelle.

Bei einer Trefferquote von 50 Prozent liegen Sie bei jedem zweiten Trade richtig. Angenommen, Sie haben ein Chance-Risiko-Verhältnis

Die Trefferquote entscheidet	
Trefferquote	Chance-Risiko-Verhälnis
50 %	1,0
40 %	1,5
33 %	2,0
25 %	3,0
17 %	5,0

von 1. Ihr Ziel und Ihr Stopp liegen gegenüber dem aktuellen Kurs also gleich weit entfernt, das Ziel zum Beispiel zehn Prozent über dem aktuellen Kurs, der Stopp zehn Prozent darunter. Ohne Berücksichtigung von Transaktionskosten würde dabei Ihr Kapital immer auf Ausgangsniveau liegen beziehungsweise durch Gebühren sukzessive abnehmen.

Anders sieht es aus, wenn Ihre Trades ein Chance-Risiko-Verhältnis von 2 bieten, das Kursziel etwa 20 Prozent über und der Stopp zehn Prozent unter dem aktuellen Kurs liegt. Bei dieser Konstellation steigt Ihr Kapital sukzessive an. Abbildung 5.0 zeigt die unterschiedliche Entwicklung ausgehend von einem Startkapital von 10.000 Euro und einem Verlusttrade zu Beginn.

Ein zuverlässiges Money-Management ist daher der Schlüssel zum Trading-Erfolg. Leider passiert es in der Praxis viel zu oft, dass gerade

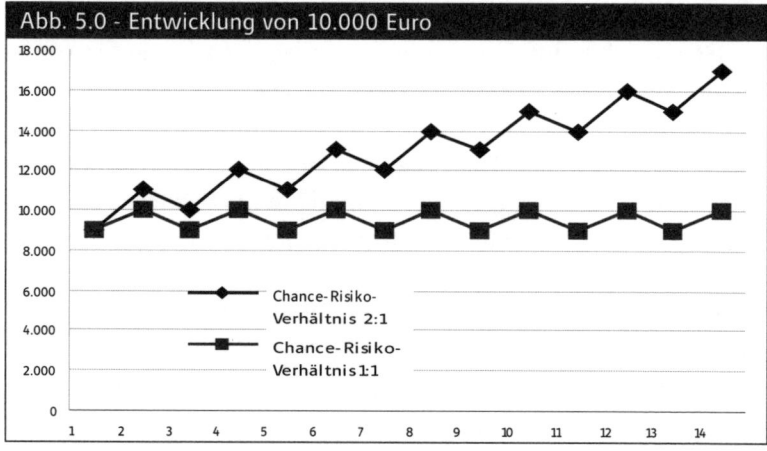

Abb. 5.0 - Entwicklung von 10.000 Euro

unerfahrene Anleger aus emotionalen Gründen zu lange an einem Papier festhalten und versuchen, Verluste auszusitzen. Richtig ist das Gegenteil. Ein guter Anleger trifft keine besseren Entscheidungen, er korrigiert seine falschen Entscheidungen nur schneller.

6. Folgen Sie keinen „Tipps"

Egal, woher Sie Ihre Idee für ein Investment bekommen, ob vom Bankberater, vom Börsenmagazin oder vom Nachbarn, folgen Sie solchen Tipps nie blind. Überprüfen Sie die Empfehlungen und nutzen Sie Ihr Charttechnik-Wissen, um Ihre Entscheidung zu treffen.

7. Verbilligen Sie nicht

Wenn Sie bei einer Aktie falschliegen, machen Sie nicht den Fehler und kaufen den Wert auf tieferem Niveau nach, um den Einstandspreis zu verbilligen. Das geht selten gut, in den meisten Fällen vergrößern Sie nur die Verluste. Begrenzen Sie stattdessen die Verluste und stellen Sie die Position glatt!

8. Nehmen Sie Verluste nicht persönlich

Niemand liegt immer richtig. Verluste gehören dazu und müssen als Lehrgeld akzeptiert werden. Professionelle Trader sehen Verluste daher eher als Kosten des Handelsgeschäfts. Begrenzen Sie die Verluste und sehen Sie das positiv. Schließlich verhindern Sie dadurch größere Verluste. Und vergessen Sie vor allem die Verluste möglichst schnell, um ohne emotionalen Stress zum nächsten Trade übergehen zu können.

9. Setzen Sie immer einen Stopp

Durch Stopps können Sie sowohl Ihre Gewinne sichern als auch Ihre Verluste begrenzen. Wenn Sie eine Position kaufen, setzen Sie einen Stopp für den Fall, dass Sie mit Ihrer Einschätzung falschliegen. Wenn der Trade ins Plus läuft, platzieren Sie den Stopp so, dass Sie dieses Plus sichern.

10. Nehmen Sie sich Zeit für Ihr Depot

Manche Menschen verbringen mehr Zeit damit, vor dem Kauf einer Waschmaschine Testberichte zu studieren, als damit, über ihre Finanzen nachzudenken. Nehmen Sie sich Zeit für das Trading. Je nach Handelsstil reicht es, das Depot einmal pro Woche zu checken. So viel Zeit muss sein!

11. Seien Sie geduldig

Versuchen Sie nicht, über Nacht reich zu werden. Um an der Börse Geld zu verdienen, brauchen Sie Zeit und vor allem Geduld. Handeln Sie nur, wenn der Markt einen eindeutigen Trend zeigt. Handeln Sie nicht, wenn der Markt keine eindeutigen Signale liefert und die Wahrscheinlichkeiten für erfolgreiche Trades nicht auf Ihrer Seite liegen. Niemand zwingt Sie zum Handeln!

12. Fehler sind lehrreich

Wenn Sie falschliegen, wissen Sie selbst am besten, welchen Fehler Sie gemacht haben. Versuchen Sie, aus den Fehlern zu lernen, schreiben Sie diese vielleicht auf, damit Sie die Fehler nicht wiederholen. Denn Fehler kosten Geld und sollten vermieden werden.

13. Freunden Sie sich mit fallenden Kursen an

Die Börse ist keine Einbahnstraße. Die Märkte steigen nicht nur, sondern können auch mal mehrere Jahre fallen. Das ist bitter, ist aber nicht zu ändern, wie viele Anleger in den Jahren nach dem Platzen der

Internetblase von 2000 bis 2003 schmerzlich erfahren mussten. Aber man kann auch in fallenden Märkten Geld verdienen. Deshalb lautet die nächste Regel: Handeln Sie mit dem Trend und nicht nur mit dem Aufwärtstrend. Wenn ein Abwärtstrend vorliegt, folgen Sie eben dem. Mittlerweile gibt es zahlreiche Instrumente – Zertifikate, Optionsscheine, Exchange-Traded Funds (ETFs) –, um auch in fallenden Märkten zu investieren. Lernen Sie, wie man von fallenden Märkten profitiert!

 ## DIE 13 TRADING-REGELN IN KURZFORM:

1. Stellen Sie einen Handelsplan auf.
2. Wählen Sie Ihre Trades sorgfältig aus.
3. Kaufen Sie nie, ohne vorher den Chart zu prüfen.
4. Handeln Sie nach dem Trend.
5. Betreiben Sie Money-Management.
6. Folgen Sie keinen Tipps.
7. Verbilligen Sie nicht.
8. Nehmen Sie Verluste nicht persönlich.
9. Setzen Sie immer einen Stopp.
10. Nehmen Sie sich Zeit für Ihr Depot.
11. Seien Sie geduldig.
12. Fehler sind lehrreich.
13. Freunden Sie sich mit fallenden Kursen an.

Manche Anleger machen die Fehler des typischen Anlegers immer wieder. Wenn Sie jedoch den 13 Trading-Regeln folgen, sind Sie dem typischen Anleger bereits ein Stück voraus. Zumindest sind Sie in der Lage, die häufigsten Fehler zu vermeiden, was die Erfolgsaussichten deutlich steigert. Ich wünsche Ihnen viel Erfolg mit der Charttechnik!

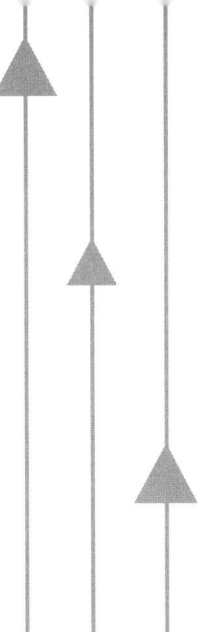

GLOSSAR

Akkumulation

Die Übergangsphase von einem Bärenmarkt in einen Bullenmarkt. Aktien wechseln aus schwachen Händen in starke Hände. Weitsichtige Investoren und Unternehmensinsider beginnen, Aktien zu kaufen.

Ask

Kurs, zu dem ein Verkäufer zu verkaufen bereit ist. Der niedrigste Kurs, zu dem ein Käufer kaufen kann.

Baisse

Auch Bärenmarkt genannt. Entspricht einer größeren Korrektur, bei der über längere Zeit die Kurse (deutlich) nachgeben.

Basiswert

Alles, was eine Kursentwicklung besitzt, wie Aktien, Indizes, Futures, Devisen, Rohstoffe, Anleihen.

Bid

Kurs, zu dem ein Käufer bereit ist zu kaufen, oder der günstigste Kurs, zu dem gekauft werden kann.

Beta	Maß für die Volatilität einer Aktie in Relation zur Volatilität des Gesamtmarkts. Aktien mit einem Beta über 1 steigen/fallen stärker als der jeweilige Markt.
Blow-off	Finale Phase einer größeren Aufwärtsbewegung vor der Trendwende.
Bottom Fishing	Der Versuch, Aktien nach einem Kursverfall im Bereich von charttechnischen Böden zu kaufen.
Break	Ausbruchsbewegung.
Candlesticks	Kerzencharts.
CBOE	Chicago Board of Options Exchange.
CBOT	Chicago Board of Trade.
Chartintervall	Periode, für die im Chartverlauf ein/e Balken/ Kerze steht. Im Wochenchart steht eine Kerze für eine Woche, im Monatschart für einen Monat, im Tageschart für einen Tag, im Stundenchart für eine Stunde et cetera.
CME	Chicago Mercantile Exchange.
Commodity	Überbegriff für Rohstoffe wie Edelmetalle, Agrarrohstoffe et cetera.
Covering the gap	Eine Kurslücke schließen.
Day-Trading	Intraday-Handel. Kauf und Verkauf im Verlauf eines Tages.

Derivate	Futures, Optionen, Zertifikate, Optionsscheine, Swaps, CFDs. Finanzinstrumente, die die Kursbewegungen bestimmter Basiswerte abbilden, meist mit Hebel.
Dreifacher Hexensabbat	Großer Verfallstag für Termingeschäfte, jeweils am dritten Freitag im März, Juni, September und Dezember. An diesem Tag laufen Optionen auf Aktien und Indizes sowie Index-Futures aus. Im Vorfeld dieses Termins nimmt die Volatilität der Märkte meist stark zu.
Diskretionär	Diskretionäres Trading beruht auf subjektiven Analyseprozessen eines Menschen.
Divergenz	Unterschiede zwischen Kursentwicklung und Indikator.
ECN	Electronic Communications Network. Es handelt sich dabei um eigene vollelektronische Zwischenbörsen.
Enger Markt	Markt mit geringem Umsatz und geringer Handelsaktivität. Anfällig für Manipulationen.
EOD	End of day, Tagesschlusskurs.
EOM	End of month, Monatsschlusskurs.
EOW	End of week, Wochenschlusskurs.
Fade-in	Eine Long-Position mit dem Ansteigen der Kurse sukzessive aufbauen.

Fade-out	Eine Long-Position bei Erreichen von Zielmarken sukzessive auflösen. Gewinne in mehreren Schritten mitnehmen.
Frontrunning	Wenn sich ein Broker oder Marketmaker in Kenntnis eines größeren Kundenauftrags vor Ausführung des Auftrags positioniert, um von der Kursbewegung zu profitieren. Frontrunning ist illegal.
Gap	Kurslücke.
Gunning for stops	Mittels Charttechnik lassen sich potenzielle Stop-Loss-Marken ermitteln. Kapitalstarke Marktteilnehmer machen sich dies zunutze und bewegen Kurse in diese Kurszonen, um die Stopps auszulösen und von den dadurch ausgelösten Verkäufen (im Falle von mit Stopp abgesicherten Long-Positionen) zu profitieren.
Hausse	Auch Bullenmarkt genannt. Über längere Zeit deutlich steigende Kurse.
Inside Day	Ein Tag, dessen Tief über dem des Vortags und dessen Hoch unter dem des Vortags liegt. Ein Inside Day symbolisiert eine Konsolidierung vor der nächsten Trendbewegung.
Intermediate Trend	Mittelfristiger Trend, mittelfristige Bewegung.
Intraday-Trading	Siehe Day-Trading.
IPO	Initial Public Offering, Neuemission einer Aktie.

Lean Down	Auch Sell-off genannt. Starker Kurseinbruch, der im Ausverkauf endet.
Leerverkauf	Siehe Shortselling.
Level II	Über Level II im Orderbuch wird die Markttiefe angezeigt, also neben den besten Bid-Ask-Geboten auch die folgenden Gebote.
Locked	Marktphase, in der Bid- und Ask-Gebote identisch sind und der Spread gleich null ist.
Major Trend	Der langfristige, übergeordnete Haupttrend.
Marketmaker	Der Marketmaker (MM) ist verpflichtet, An- und Verkaufskurse zum Beispiel für eine Aktie nach vorgegebenen Mindestgrößen zu stellen.
Minor Trend	Kurzfristiger Trend über wenige Tage bis Wochen.
Momentum	Synonym für Aktivität.
Momentum Player	Aktien, die eine starke Handelsaktivität aufweisen und sich volatil bewegen.
Nasdaq	National Association of Securities Dealers Automated Quotation. Es handelt sich um eine vollelektronische Börse, an der die US-Technologie-Aktien gelistet sind.
Newstrading	Handeln auf wichtige Nachrichten (Ad-hoc-Meldungen) hin, um von kursbewegenden Meldungen zu profitieren.
NYSE	New York Stock Exchange.

Opening	Eröffnungskurs.
OTC	Over the counter, außerbörslicher Handel.
Pace Maker	Aktien oder Indizes, die einen ganzen Markt bewegen können.
Papertrading	Trading, das ohne Kapitaleinsatz lediglich auf dem Papier simuliert wird.
Pattern	Kursmuster, Chartformation.
Pennystock	Bezeichnung für Aktien mit einem Kurs unter fünf Dollar. Der Begriff wird zunehmend für illiquide, niedrig kapitalisierte Aktien verwendet.
Position glattstellen/ schließen	Aus einer Position aussteigen. Eine Long-Position verkaufen. Eine Short-Position covern/zurück-kaufen.
Positionstrading	Eine Form des kurzfristigen Tradings. Die Halte-dauer beträgt einige Tage bis wenige Monate.
Premium	Spread zwischen Cash und Future.
Pullback	Kursrücksetzer nach erfolgtem Ausbruch, die eine ausbruchbestätigende Funktion haben. Sie bieten oft gute Einstiegsmöglichkeiten in einen Trade.
Range	Kursspanne, Kurskorridor.
Rebreak	Rückkehrbewegung über ein zuvor gebrochenes charttechnisches Muster.

Retracement	Rückkehrbewegung, Konsolidierung eines vorangegangenen Trends.
Risiko-management	Absichern von Positionen mit Stopps, um das Verlustrisiko zu begrenzen.
Roundtrip/ Roundturn	Kauf und Verkauf; bezogen auf die Transaktions-kosten sind damit die anfallenden Kosten für Kauf und Verkauf gemeint.
Running Stock	Eine Momentum-Aktie.
Scalptrading	Kurzfristigste Form des Day-Tradings mit dem Ziel, von kleinen Intraday-Kursschwankungen zu profitieren.
Sell-off	Starker Kurseinbruch, der im Ausverkauf endet.
Shortcovering	Das Zurückkaufen/Eindecken von leerverkauften Positionen.
Shortselling (Leerverkauf)	Der Versuch, von fallenden Kursen zu profitieren. Es wird eine Position, die man nicht besitzt, verkauft, um sie anschließend günstiger zurück-zukaufen.
Short Squeeze	Schnelle Kursanstiege, die durch Short-Eindeckungen ausgelöst werden.
Spread	Kursspanne zwischen bestem Geld- (Bid) und Briefkurs (Ask).
Swingtrading	Kurzfristiges Trading mit Haltedauer von einigen Stunden bis zu einigen Tagen.

Throw-back	Ein nach unten gerichteter Pullback.
Tick	Die kleinstmögliche Kursbewegung.
Time and Sales	Die Darstellung aller tatsächlich ausgeführten Transaktionen mit Volumenangabe im Orderbuch.
Timing	Das frühzeitige Ein- und Aussteigen im Bereich von Wendepunkten zum bestmöglichen Zeitpunkt.
Trade Rate	Anzahl der Trades pro Zeiteinheit.
Uptick-Regel	Beim Shortselling von Aktien gibt es die Regel, wonach man nur in ein Uptick im Bid shorten kann.
Weak Hands	Unerfahrene Trader oder Anleger, die sich leicht in und aus Positionen bewegen lassen.

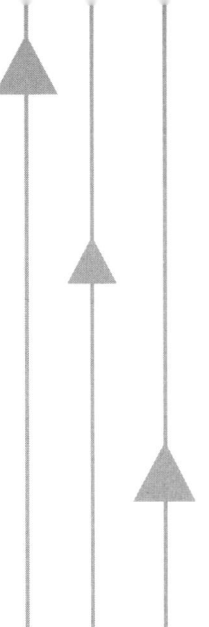

ANHANG

Hier werden Sie fündig

Im Internet finden Sie zahlreiche interessante Informationen und Tools zum Thema Charttechnik. Gerade für Einsteiger sind die freien Charting-Websites zu Übungszwecken empfehlenswert.

Vereinigungen

VTAD	www.vtad.net/
IFTA	www.ifta.org

Freie Charting-Websites

Big Charts	www.bigcharts.com
Stockcharts	www.stockcharts.com
Teletrader	www.teletrader.com

Chart- und Analysesoftware

CQG	www.cqg.com
Dynamite Sentimentor	www.fipertec.de

Elwave	www.elwave.com
Investox	www.investox.de
Logical Line	www.logical-line.de/
Market Maker	www.market-maker.de
MetaStock	www.metastock.com
Omega Tradestation	www.tradersworld.net
Pats	www.patsystems.com
Tai Pan	www.lp-software.de
Visualchart	www.visualchart.com
Wealth-Lab. Inc.	www.wealth-lab.com

Über den Autor:

Markus Horntrich ist seit Ende der 80er-Jahre an der Börse aktiv.
Nachdem er den Aktienmarkt während des BWL-Studiums zunächst
nur aus privatem Interesse verfolgte, machte er das Thema Börse mit
seinem Einstieg als Redakteur bei der Börsenmedien AG im Jahr 2000
zum Beruf.

In Laufe seiner langjährigen Berufspraxis sammelte er wertvolle
Erfahrungen als Mitglied der Redaktionen von DER AKTIONÄR und
Neuer Markt Inside. Von 2011 bis 2019 war er Chefredakteur des
AKTIONÄR. Seit November 2019 ist er Co-Autor der *Actien-Börse*
beim Hans A. Bernecker Verlag in Düsseldorf.

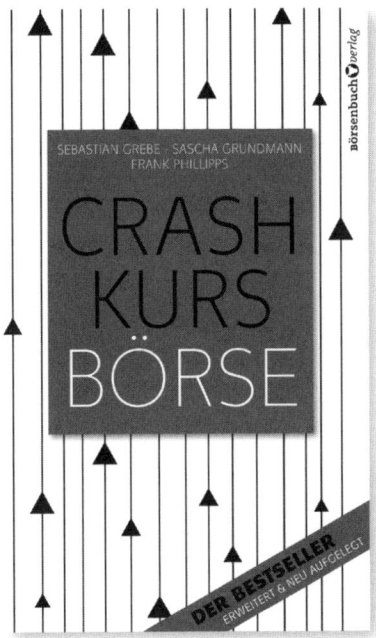

208 Seiten, geb. mit SU
19,99 [D] / 20,60 [A]
ISBN: 978-3-86470-365-2

S. Grebe/S. Grundmann/F. Phillipps
Crashkurs Börse – Neuauflage

Rasch und unproblematisch Zugang zum Thema Börse – das leistet dieses umfassende Grundlagenwerk. Kursbildung, Depoteröffnung, Anlageinstrumente, Techniken der Fundamentalanalyse und der Charttechnik, Anlegerpsychologie, die Geschichte der Börse … alle wichtigen Aspekte werden thematisiert. Nach dem großen Erfolg jetzt in überarbeiteter und erweiterter Form, ergänzt unter anderem um die Themen ETFs, CFDs und Niedrigzinsphasen.

208 Seiten, broschiert
17,90 [D] / 18,40 [A]
ISBN: 978-3-86470-019-4

Sebastian Steyer:
Crashkurs Trading

Sebastian Steyer führt Sie an das Thema „aktive Geldanlage" heran. Er beleuchtet zahlreiche grundlegende Sachverhalte, geht aber auch ins Detail: Trading-Alltag, Trading-Instrumente, Broker, Risiko- und Money-Management, Chartanalyse und einfache Handelssysteme. Nach der Lektüre sind Sie fit für den Start Ihrer eigenen erfolgreichen Trader-Karriere.

608 Seiten,
gebunden,
29,90 [D] / 30,70 [A]
ISBN: 978-3-942888-43-1

William J. O'Neil:
Wie man mit Aktien Geld verdient

Börsen-Urgestein William O'Neil hat Tausende Charts und
Bilanzen untersucht und herausgefunden, welche Aktien steigen –
und warum. Seine Erkenntnisse hat er in die berühmte
CAN-SLIM-Strategie verpackt. Jetzt liegt die überarbeitete und
aktualisierte Auflage dieses Klassikers der Börsenliteratur
auch in Deutsch vor.

336 Seiten,
gebunden mit SU,
29,99 [D] / 30,90 [A]
ISBN: 978-3-86470-254-9

Thomas Gebert:
Der große Gebert

„Der intelligente Investor", „Börsenindikatoren" und
„Börsenzyklen" sind Klassiker der Börsenliteratur.
Nun hat Thomas Gebert sie komplett überarbeitet, an die heutige
Situation angepasst und mit aktuellen Beispielen versehen –
geballtes Börsenwissen, das Ihnen zeigt, wie Sie unaufgeregt und
überaus erfolgreich an den Märkten agieren können.

176 Seiten,
gebunden mit SU,
19,99 [D] / 20,59 [A]
ISBN: 978-3-86470-400-0

Thomas Gebert:
Was zu tun ist, wenn es so weit ist

Thomas Gebert erläutert in seinem neuen Buch gewohnt durch-
dacht, mit welchen Mitteln wir uns gegen die drohende Gefahr des
Kapitalverlusts wappnen können. Er beleuchtet dabei alle Aspekte
der Geldanlage und der persönlichen Finanzen und greift Themen
auf wie zum Beispiel den Sinn oder Unsinn eines Investments in
Gold.